未成年人权益保护与犯罪预防系列读本

筑好“法律盾牌”

未成年人权益的多元法律保护

主　编　叶小琴
副主编　岑铭敏
撰稿人　叶小琴　岑铭敏　高彩云　张博雅

WUHAN UNIVERSITY PRESS
武汉大学出版社

图书在版编目(CIP)数据

筑好“法律盾牌”:未成年人权益的多元法律保护/叶小琴主编.
—武汉:武汉大学出版社,2021.1(2021.7 重印)
未成年人权益保护与犯罪预防系列读本
ISBN 978-7-307-21957-1

Ⅰ.筑… Ⅱ.叶… Ⅲ.未成年人保护法—研究—中国
Ⅳ.D922.74

中国版本图书馆 CIP 数据核字(2020)第 234970 号

责任编辑:胡 荣　　责任校对:李孟潇　　版式设计:马 佳

出版发行:**武汉大学出版社**　(430072 武昌 珞珈山)
(电子邮箱:cbs22@ whu.edu.cn 网址:www.wdp. com.cn)
印刷:武汉科源印刷设计有限公司
开本:880×1230 1/32　印张:9.25　字数:232 千字　插页:2
版次:2021 年 1 月第 1 版　2021 年 7 月第 2 次印刷
ISBN 978-7-307-21957-1　定价:28.00 元

作 者 简 介

叶小琴

法学博士，武汉大学法学院副教授、硕士研究生导师、刑法教研室主任，武汉大学网络治理研究院研究员，兼任中国犯罪学学会常务理事、武汉市社区矫正讲师团副团长，研究方向为比较及国际刑法学、犯罪学与刑事政策。曾在美国哥伦比亚大学法学院、荷兰阿姆斯特丹大学法学院等机构担任访问学者。出版独著著作《论刑法的趋同》、与人合著著作《看守所检察监督实证与比较研究》,并主编《堕落与救赎：女性犯罪启示录》《折翅之痛与思：未成年人犯罪启示录》《中国当代死刑制度改革的探索与展望》《危害国家安全罪办案一本通》4部著作，参译《美国刑事诉讼——法律和实践》，参编《中国青少年犯罪问题及对策研究》《刑法案例分析》等10余部著作，在《求是内参》《教育部简报（高校智库专刊）》《法学评论》等发表50余篇学术论文，主持国家社科基金后期资助项目、司法部国家法治与法学理论研究项目等10余项科研项目。

总 序

党的十九大报告指出"青年兴则国家兴，青年强则国家强。青年一代有理想、有本领、有担当，国家就有前途，民族就有希望"，保障未成年人健康成长作为全党工作的重点，亦是全社会共同关注的话题。然而，近年来未成年人群体被害现象和犯罪现象愈加突出，校园、网络、毒品一方面成为未成年人犯罪的高发领域，另一方面也使得未成年人权益受到更大程度侵害。为了应对未成年人权益受损严重和犯罪数量迅速上升的现实，先后修改《中华人民共和国未成年人保护法》《中华人民共和国预防未成年人犯罪法》《中华人民共和国刑法》，并制定《中华人民共和国社区矫正法》，未成年人权益保障和犯罪预防工作机制进一步完善。新修订或通过的四部法律秉持源头预防、综合保护的理念，明确了家庭、学校、政府和社会多方主体的责任，力争建构起由家庭承担监护责任、学校承担管教责任、国家机关承担保护责任、群团组织承担参与责任的立体保护体系。不过如何确保各方主体责任的落实，形成合力仍是当前需要进一步研究的问题。

武汉大学刑事法研究中心长期关注未成年人犯罪和权益保障问题。通过深入未成年犯管教所对未成年犯罪人进行面对面、一对一的访谈和交流，了解他们的成长历程和犯罪经历，深刻剖析他们的犯罪原因和犯罪特点。此后，又进一步开展了未成年人法律素养评估的调查。在此基础上，深入研究未成年人犯罪的典型案例，结合未成年人教育的相关理论，编写了“未成年人权益保护与犯罪预防系列读本”。通过以案释法，讲述未成年人成长阶段应当了解的法律知识，为未成年人价值观的形成、家长的正确引导和学校的合理监管提供参考和指引。

本系列读本在编写体例上一改往日未成年人法律保护丛书的教科书式篇章结构，以典型案例为中心，围绕案例进行法律分析，讲解法律知识，并附上法律条文和具体建议，以便读者进一步学习。该系列读本以未成年人主要涉及的犯罪领域为导向展开编写，具体分为校园犯罪、毒品犯罪和网络犯罪，最后总结未成年人的法律制度保护。在读本的编写中，既注重犯罪的预防，又关注未成年人权益的保障。本系列读本共分为以下四本：

1.《让阳光洒满校园——校园犯罪预防与校园安全保护》一书主要聚焦校园内发生的未成年人犯罪和侵害其权益的行为。全书分为校园欺凌、校园侵财、校园性侵和校园虐待四部分内容，通过选取近年来在校园里发生的典型案例展开法律知识的普及。

2.《青春不“毒”行——未成年人毒品犯罪预防》一书结合未成年人涉毒行为的基本类型，分别讲解未成年人吸食毒品、未成年人涉毒犯罪、毒品引发的未成年人次生违法犯罪的基本情况，并用多个典型性案例分析违法犯罪行为背后的成因，从而总结预防未成年人陷入“毒网”的积极措施。

3.《织好青春防火“网”——未成年人网络权益保障与行为规范》一书关注网络中未成年人被侵害的现象，主要包括未成年人网络虚拟财产、人格权、名誉权和知识产权等民事权益的保护。另外针对未成年人使用网络的特点制定出青少年参与网络的行为规范，为未成年人正确使用网络提供规范指引。

4.《筑好“法律盾牌”——未成年人权益的多元法律保护》一书从家庭保护、学校保护、社会保护、政府保护、司法保护五个角度出发，结合《中华人民共和国未成年人保护法》《中华人民共和国预防未成年人犯罪法》《中华人民共和国义务教育法》等法律知识，综合全面地介绍当前我国预防未成年人犯罪和保障未成年人权益的法律制度。

兼顾教育性与趣味性、娱乐性与专业性是本系列读本的重要特点，旨在让未成年人、家长和校方能够在法律知识的学习中感受乐趣，从而能够更加主动地进一步研究未成年人的犯罪预防和权益保护这一重要课题。因此，本书既可以面向未成年人、家长作为自学读物，又可以面向校园法治教育课堂，作为教学读本。

最后需要特别感谢有关单位对本系列读本编写的前期调研和资料搜集工作所提供的便利条件。感谢武汉大学出版社胡荣编辑以及其他工作人员对本系列读本的编写工作提供的宝贵意见和付出的心血。因未成年人犯罪预防与权益保护是一个与时俱进、不断发展的话题，本系列读本在编写过程中尚有纰漏和不足之处，恳请谅解！

丛书主编

2020 年 12 月

前　言

近年来未成年人被侵害的案例屡见不鲜，这不仅令人万分痛心，也让人不禁反思这种现象为什么频频出现。侵害未成年人权益的案件不仅严重威胁着未成年人的健康成长和安全，还严重阻碍了社会的高速发展。法律是保护公民权益的最后一道“防护栏”，以法律武器保护未成年人合法权益势在必行。《中华人民共和国未成年人保护法》于 1991 年的出台和 2019 年再次启动的修改，不仅仅是为了保护未成年人的身心健康和合法权益，更是为了维护社会的安全稳定，并助力实现“少年强中国强”，从而实现“中国梦”的伟大复兴。然而在现实生活中，未成年人对法律知识的欠缺表明对未成年人进行普法迫在眉睫。

本书作为未成年人权益保护与犯罪预防系列读本中的一册，属于“总结篇”。其他三本分别重点关注校园犯罪、毒品犯罪和网络犯罪这些对未成年人双向保护的突出问题领域，本书是有关未成年人法律知识的系统性读本。有的内容，例如家庭保护和学校保护的内容，对前三本内容形成补充，其他的部分，如社会保护、司法保护、政府保护则是新的知识单元，可能在个别问题上会与

前三本内容略有交叉。本书阐述未成年人在如何保护自身的同时，也向其长辈以及相关社会组织和政府机关普及违法行为的有关知识和正确保护未成年人合法权益的法律责任。本书选取了真实的案例，在展开案例分析的过程中讲解有关法律知识，并将法律法规原文单独列为法律小课堂。本书希望能在保证法律专业性的基础上，尽量增加通俗性、趣味性，旨在使未成年人在有违法心理时能够及时自省自制，也使未成年人在受到侵害时能更好地运用法律武器保护自己。

未成年人是天使，是国家和民族的未来，关爱未成年人、保护未成年人，是全社会的责任。未成年人正处于一个很不稳定的阶段，容易被外部环境所影响，同时可塑性也非常强。在这个阶段保护好、教育好未成年人是培养守法公民的关键。未成年人无论是加害人还是被害人，都应根据“双向保护”原则，给予其更多的法律保护。希望做错事的孩子能及时回头，希望被“欺负”的孩子能“及时脱离苦海”，希望所有的孩子能在安全、健康的环境中快乐地成长。

编者

2020 年 5 月

目　录

家庭保护篇

继父遗弃小慧的行为有罪吗？ / 003
小蝶的爷爷奶奶可以请求变更监护权吗？ / 011
小宁有权要求自己管理赔偿款吗？ / 019
父母离婚后亮亮可以获得父亲的探视吗？ / 026
小菲是否有权请求父亲支付抚养费？ / 033
“童模”如何维护本人权益？ / 038
子女如何应对家庭暴力？ / 047
谁来抚平受虐待儿童的心理创伤？ / 054
被继父性侵的小萌应该向谁求助？ / 060
留守儿童小飞该何去何从？ / 067
什么是人身安全保护令？ / 073

学校保护篇

校园安全事故谁负责？ / 087
校园安全事故中保险公司赔多少？ / 094
怎样斩断“校园黑手”？ / 099
如何让学生不做沉默的羔羊？ / 107
如何防止校园性侵犯？ / 113
怎样避免学生成为犯罪人的“提线木偶”？ / 119

出游时学生发生意外谁买单？ / 125
民办学校怎么选？ / 133

社会保护篇

“小工人”如何维权？ / 143
未成年人对作品享有著作权吗？ / 155
彩票中奖算谁的？ / 161
医疗事故造成未成年人伤亡如何赔偿？ / 167
未成年是否享有名誉权和肖像权？ / 175
胎儿是否享有继承权？ / 181
携带和销售管制刀具的危险 / 185
拒绝诱惑，从小开始 / 190

政府保护篇

未成年人保护工作不断推进 / 197
国家监护职责谁承担？ / 201
流浪儿童谁来管？ / 209
特殊人群的特殊照顾 / 216
保障未成年人的职业发展 / 224
未成年人违法犯罪信息查询系统全面上线 / 228

司法保护篇

未成年犯罪嫌疑人年龄对逮捕的影响 / 233

对未成年人实行社区矫正的特殊性 / 239

附条件不起诉后刑事处罚的“再现身” / 244

未成年人与成年人“不一样的”起诉与执行 / 250

合适成年人陪同下的讯问与审判 / 255

刑事案件中不可或缺的辩护人 / 261

刑事案件中未成年人信息的双向保护 / 266

幼稚“约定”带来的处罚 / 271

交通肇事受伤后，小芳是否可以提起民事诉讼？ / 276

后　记 / 284

家庭保护篇

家庭是孩子温暖的港湾。良好的家庭环境能够培养出人格健全、性格稳定的孩子，而缺乏关爱甚至充满暴力的家庭环境则会培养出冷漠、敏感、自卑的孩子。孩子是民族的希望、祖国的未来，法律对于孩子的家庭保护势在必行。《中华人民共和国民法典》《中华人民共和国刑法》《中华人民共和国未成年人保护法》等多部法律都规定了未成年人在家庭中应有的权益，未成年人不得被遗弃、虐待，离婚家庭子女应当获得必要的探视，等等。这些规定为未成年人合法维权提供了坚实的基础。

继父遗弃小慧的行为有罪吗？

2014 年 2 月 1 日，王某的丈夫刘某因意外事故去世。同年 3 月 12 日，王某在县医院生下女儿刘小慧(化名)。刘小慧出生后便出现心律不齐、呼吸困难等危及生命的症状，经医院抢救后，仍然需要长期治疗，且治疗费用昂贵。王某独自一人抚养小慧，直至 2016 年再婚。2016 年冬天，刘小慧的继父李某认为治疗费用昂贵，且担心以后小慧可能智力发育不健全，便劝说王某将小慧遗弃，王某同意。随后，李某于当天晚上将还在医院治疗的小慧丢在县城南郊。直到第二天早上，小慧才被环卫工人发现，并送往医院救治，最终小慧因治疗无效死亡。最终，法院判决李某犯遗弃罪，判处有期徒刑八个月，缓刑一年。①

一、 遗弃子女行为的法律性质

本案中，小慧虽然在出生后就生命垂危，但

① 案例改编自安徽省蚌埠市人民法院〔2015〕蚌刑终字第 00051 号刑事判决书。

她仍然是已经存活的独立生命个体，享有生命权，小慧的亲生母亲改嫁后，作为小慧的继父的李某，在法律上对小慧具有抚养义务。小慧当时已近2岁，且身体状况不佳，属于患病且没有独立生活能力的人，小慧的继父有抚养能力却拒绝抚养，与王某共谋遗弃小慧致使小慧死亡，情节恶劣，已经构成《中华人民共和国刑法》(以下简称《刑法》)规定的遗弃罪。

《中华人民共和国未成年人保护法》(以下简称《未成年人保护法》)明确规定禁止虐待、遗弃未成年人，禁止溺婴和其他残害婴儿的行为。与此同时，根据我国《刑法》规定，对年老、年幼、患病或者其他没有独立生活能力的人有扶养义务而拒绝扶养，情节恶劣即构成遗弃罪。

家庭成员对未成年人具有抚养义务却遗弃、虐待的就可能会被追究刑事责任。本案中，李某虽然只是小慧的继父，但是在法律上仍然对小慧有抚养义务。李某实施了具体的遗弃行为，王某作为小慧的生母与李某达成共谋，虽未实施积极的遗弃行为，但仍然可以认为她的行为构成遗弃罪的共同犯罪。对于遗弃罪的认定，需要注意以下几点：

第一，扶养义务并不限于亲属关系，而是指法律意义上的扶助、抚育义务。比如，父母对其未成年子女有抚养义务，但是孤儿院对于收留的未成年人同样有抚养义务，孤儿院拒绝抚养，情节恶劣的，同样可能触犯遗弃罪。另外，父母离婚的，未成年子女随父亲或母亲一方生活的，另一方母亲或父亲对于该未成年子女仍然具有抚养义务。养父母对未成年养子女也具有抚养义务，但是收养关系一旦成立，则生父母与该未成年子女在法律上的抚养义务就消除。继父母对继子女，父母对非婚生子女也都具有抚养义务。

第二，“拒绝扶养”的含义比较宽泛。这里主要包含两种情况，既包含不向未成年人提供必要的生存条件，也包含将未成年人的生命置于危险境地的情况。须注意的是，抚养人提供给未成年人的是必要生存条件，而非超出一般人经济消费水平的条件。

第三，遗弃行为须“情节恶劣”才构成遗弃罪。抚养人拒绝抚养未成年人的行为必须达到“情节恶劣”的程度，才可能构成刑事犯罪。一般而言，致使被抚养的未成年人身体遭受严重损害或者其他严重后果的，即为此处所指的“情节恶劣”。

第四，遗弃行为可能构成故意杀人罪。遗弃罪与故意杀人罪对未成年人的身体健康或者生命都有威胁。如果抚养人的“遗弃”行为对被遗弃的未成年人生命造成了紧迫的危险，有可能排除他人对未成年人的救助，那么该行为可能涉嫌故意杀人罪。2013 年，南京市江宁区民警在走访辖区时，发现辖区居民乐某家中无人应答，乐某的手机一直处于关机状态。民警叫来锁匠将门打开，发现乐某的两个幼女(一个 3 岁，一个 1 岁)均已在家中饿死。最终，法院判决乐某犯故意杀人罪，判处无期徒刑，剥夺政治权利终身。例如本案中，若李某将刘小慧扔在荒无人烟的山林中，导致刘小慧没有被救助的可能，则涉嫌故意杀人罪。

二、 对被遗弃儿童的救助

现实生活中，常常发生儿童被遗弃的现象。由于家庭经济条件较差或者小孩有疾病，一部分儿童便被家人遗弃。他们被丢在离家很远的地方，食不果腹，衣不蔽体。经过好心人及社会的救助，有些儿童能够进入福利院得到基本的生活保障，有些儿童能够被送往医院得到及时的救治。遗弃孩子的父母尽管有着各种各样的不得已的理由，但是一旦遗弃孩子，他们便触犯了法律，就会受到法律的制裁。在对这些人进行惩处的同时，我们也必须重视被遗弃儿童的救助问题。其中最常见的一种救助途径就是收养，但是收养是一种要式法律行为，只有符合收养条件的收养人才能依法收养儿童。

根据《中华人民共和国收养法》(以下简称《收养法》)的规定，为保护合法的收养关系，维护收养关系当事人的权利，被收养的儿童和收养人均需要符合一定的条件。但在现实生活中，存在着“黑色收养”产业链，送养人通过网络发布送养信息，非法领养人通过网络获取送养的孩子的信息，另外还有无良的医疗机构开具“出生证明”，待非法领养人补足“款项”以后，这个孩子就被送养了。从多起新闻曝光的事件中我们得知，这类孩子的生活条件都非常差，也很难有任何手段保证孩子在被非法领养后能与送养人保持联系。2020年鲍某明性侵“养女”案的曝光，揭露了这个产业链的冰山一角。一些贫困家庭的父母没有抚养能力或者受“重男轻女”观念的影响，将家中无力抚养的孩子送养给黑中介，对孩子之后的生活却不管不顾，这无异于将孩子推入火坑。

对于确无抚养能力的父母而送养孩子的，应严格按照《收养法》的规定，首先，被收养的儿童必须是失去父母的孤儿，或者是查找不到父母的弃婴或儿童，或者是生父母确实有特殊困难无力抚养的孩子。其次，收养人通常必须没有子女，且年满三十周岁，同时有抚养教育被收养人的能力，而且没有在医学上认为不应当收养子女的疾病。如果父母没有抚养子女的经济能力，又实在找不到合法收养人，采取“事实送养”方式的，应以保护未成年人权益为首要考虑。在送养孩子时，若收取金钱，便可能涉嫌拐卖儿童罪。

法律小课堂

(一)未成年人保护

——《中华人民共和国未成年人保护法》

第十五条　未成年人的父母或者其他监护人应当学习家庭教育知识，接受家庭教育指导，创造良好、和睦、文明的家庭环境。

共同生活的其他成年家庭成员应当协助未成年人的父母或者其他监护人抚养、教育和保护未成年人。

(二)故意杀人罪

——《中华人民共和国刑法》

第二百三十二条　故意杀人的，处死刑、无期徒刑或者十年以上有期徒刑；情节较轻的，处三年以上十年以下有期徒刑。

(三)遗 弃 罪

——《中华人民共和国刑法》

第二百六十一条　对于年老、年幼、患病或者其他没有独立生活能力的人，负有扶养义务而拒绝扶养，情节恶劣的，处五年以下有期徒刑、拘役或者管制。

(四)抚养义务

——《中华人民共和国民法典》

第二十六条　父母对未成年子女负有抚养、教育和保护的义务。

成年子女对父母负有赡养、扶助和保护的义务。

第一千零六十七条　父母不履行抚养义务的，未成年子女或者不能独立生活的成年子女，有要求父母给付抚养费的权利。

成年子女不履行赡养义务的，缺乏劳动能力或者生活困难的父母，有要求成年子女给付赡养费的权利。

第一千零七十一条　非婚生子女享有与婚生子女同等的权利，任何组织或者个人不得加以危害和歧视。

不直接抚养非婚生子女的生父或者生母，应当负担未成年子女或者不能独立生活的成年子女的抚养费。

第一千零七十二条　继父母与继子女间，不得虐待或者歧视。

继父或者继母和受其抚养教育的继子女间的权利义务关系，适用本法关于父母子女关系的规定。

第一千一百一十一条　自收养关系成立之日起，养父母与养子女间的权利义务关系，适用本法关于父母子女关系的规定；养子女与养父母的近亲属间的权利义务关系，适用本法关于子女与父母的近亲属关系的规定。

(五)收　养

——《中华人民共和国民法典》

第一千零九十三条　下列未成年人，可以被收养：

(一)丧失父母的孤儿；

(二)查找不到生父母的未成年人;

(三)生父母有特殊困难无力抚养的子女。

第一千零九十四条　下列个人、组织可以作送养人:

(一)孤儿的监护人;

(二)儿童福利机构;

(三)有特殊困难无力抚养子女的生父母。

第一千零九十八条　收养人应当同时具备下列条件:

(一)无子女或者只有一名子女;

(二)有抚养、教育和保护被收养人的能力;

(三)未患有在医学上认为不应当收养子女的疾病;

(四)无不利于被收养人健康成长的违法犯罪记录;

(五)年满三十周岁。

第一千零九十九条　收养三代以内旁系同辈血亲的子女,可以不受本法第一千零九十三条第三项、第一千零九十四条第三项和第一千一百零二条规定的限制。

华侨收养三代以内旁系同辈血亲的子女,还可以不受本法第一千零九十八条第一项规定的限制。

第一千一百条　无子女的收养人可以收养两名子女;有子女的收养人只能收养一名子女。

收养孤儿、残疾未成年人或者儿童福利机构抚养的查找不到生父母的未成年人,可以不受前款和本法第一千零九十八条第一项规定的限制。

未成年人被遗弃后怎么办？

未成年人被父母遗弃或不慎走失后，应该及时找到就近的派出所或者向穿着制服的警务人员寻求帮助。不和陌生人说话，不吃喝陌生人给的食物和饮料。此外，未成年人也可以向一些公共机构，如就近的医院、学校、治安岗亭等寻求帮助。小朋友应当牢记自己的家庭地址和爸爸妈妈的姓名，以便在寻求帮助时能够准确说出自己家庭的信息。如果在家中父母不履行应尽的抚养义务，小朋友可以向社区里工作的叔叔阿姨说明情况，并请求他们的帮助。

小蝶的爷爷奶奶可以请求变更监护权吗？

原告王某和李某系夫妻关系。王某之子王均于2008年与被告人刘莉结婚，王均与被告刘莉于2010年5月25日收养一女王小蝶(化名)，祖孙三代长期共同生活。2015年9月19日，王均因发生交通事故不幸身故。因王均死亡，刘莉便带着刚刚6岁的小蝶回到娘家生活。王某和李某与孙女感情深厚，思念孙女心切，奈何刘莉常常以各种理由推辞，王某与李某总是见不到小蝶。没过多久，王某在去刘莉家探视小蝶时，发现了小蝶身上的伤痕。他们一问小蝶才知道，刘莉经常无故打骂、虐待小蝶。后经鉴定，小蝶的伤情已经达到轻伤以上。于是，王某和李某将刘莉告上法庭，请求法院判决撤销刘莉的监护权，由王某和李某作为小蝶的监护人。本案法院认为，刘莉和小蝶虽然没有血缘关系，但是长久以来形成了事实的监护关系，并登记在户口簿之上，故刘莉和小蝶的监护关系真实、合法，法院予以确认，王某和李某请求法院变更监护权的证据不足，小蝶身上的伤痕是自己磕碰，虽然小蝶也愿意和祖父母一起生活，但是父母是未成年子女的法定监护人，因此不得随意变更监护权。①

一、 父母是未成年子女的法定监护人

小蝶年仅6岁，属于民法意义上的无民事行为能力人，也是未满18周岁的未成年人。根据《中华人民共和国民法典》(以下简称《民法典》)第27条规定，父母是未成年人的监护人，除非未成年人的父母已经死亡或者没有监护能力的，才可以由祖父母、外祖父母，兄姐等有监护能力的人按顺序担任监护人；在特殊情况下，其他愿意担任监护人的个人或者组织也可以担任未成年人的监护人，但是须经未成年人住所地的居民委员会、村民委员会或者民政部门同意。由此规定可以看出，父母对于未成年人的监护是法定的、当然的、不可被随意剥夺的。只有出现了特定情形，父母的监护权才可能被撤销。

二、 父母监护人资格的撤销

家庭是孩子温暖的港湾，父母是未成年人的依靠。根据我国《民法典》的规定，父母是未成年人的法定监护人。这就是说，即使未成年人的父母离异，父或母一方身故，也不能就此切断父母与未成年子女的监护与被监护关系。但是，如果出现案例中这种情况，6岁的小蝶属于无民事行为能力人，当她被

---

① 案例改编自江西省景德镇市人民法院〔2017〕赣02民终858号民事判决书。

她的母亲虐待，在小蝶的爷爷奶奶发现后，是否可以请求人民法院撤销刘莉对小蝶的监护权，而将小蝶的监护权变更给自己呢？答案是肯定的。

根据我国《民法典》第 36 条第 1 款之规定，监护人实施严重损害被监护人身心健康行为的，人民法院根据有关个人或者组织的申请，撤销监护人资格，安排必要的临时监护措施，并按照最有利于被监护人的原则依法指定监护人。根据这项规定，小蝶的爷爷奶奶应当及时向人民法院申请撤销小蝶的母亲刘莉的监护资格。此时，应由人民法院重新确定小蝶的监护人。至于小蝶的爷爷奶奶是否能够成为小蝶的监护人，还要看小蝶是否有其他比小蝶爷爷奶奶更合适的监护人。此处需要考虑的因素是，小蝶年纪尚小，小蝶的爷爷奶奶年事已高，抚养能力较弱，其是否适合作为小蝶的监护人。

除了本案涉及的这种情形，《民法典》第 36 条还规定了其他两种撤销监护资格的情形。即监护人怠于履行监护职责，或者无法履行监护职责并且拒绝将监护职责部分或者全部委托给他人，导致被监护人处于危困状态的；监护人实施严重侵害被监护人合法权益的其他行为的。监护人具备这两种情形其一的，便可能被撤销监护资格。值得提醒的是，《民法典》第 36 条不仅适用于被监护人的父母，还适用于被监护人的全部监护人。此处条文中的有关个人和组织的范围是有限的，限于“依法具有监护资格的人，居民委员会、村民委员会、学校、医疗机构、妇女联合会、残疾人联合会、未成年人保护组织、依法设立的老年人组织、民政部门等”。另外，人民法院不能主动撤销监护资格，而是要经过有关个人或者组织的申请。那么，如果监护人侵犯被监护人的权益情形特别严重，没有人向法院申请该怎么办呢？此时，民政部门也可向法院申请撤销被监护人的监护资格，以便受到伤害的被监护人能够及时得到司法的救助。

三、 其他被监护未成年人的保护制度

除了本案中涉及的对被监护未成年人人身权利的保护，法律也规定了对被监护人财产权利的保护制度。作为未成年人的监护人，其职责不局限于代理被监护人实施民事法律行为和保护监护人的人身权利。对于被监护人的财产权利，监护人也应该尽心尽力地去保护。《民法典》要求监护人必须按照“最有利于被监护人的原则履行监护职责”。在现实生活中，常常存在着这样的情形：有些未成年人虽然尚未成年，但是却已经享有一些财产权益。例如，继承大笔遗产、获得大笔劳动报酬、获得专利权等知识产权权益。在这种情况下，实际上是未成年人的监护人代为管理这些财产。根据《民法典》的规定，监护人除为维护被监护人利益外，不得处分被监护人的财产。未成年人的监护人履行监护职责，在作出与被监护人利益有关的决定时，应当根据被监护人的年龄和智力状况，尊重被监护人的真实意愿。也就是说，作为监护人的父母，不得为私利而损害被监护人的财产权利。如果在此过程中，监护人侵害了被监护人的合法权益的，还有可能被追究法律责任。

如果监护人侵害了被监护人的人身权利，构成犯罪的，则监护人将可能被追究刑事责任。本案中，如果小蝶的母亲刘莉构成虐待罪或者故意伤害罪，则不仅面临着被撤销监护资格，还有可能面临着被审判和入狱。再者，如果监护人被撤销监护资格，但他确有悔改表现的(仅限被监护人的父母或者子女被人民法院撤销监护人资格后，对被监护人实施故意犯罪的除外)，经其申请，

人民法院可以在尊重被监护人真实意愿的前提下，视情况恢复其监护人资格，并且人民法院指定的监护人与被监护人的监护关系同时终止。由此，除非构成刑事犯罪，监护资格的撤销也是可逆的。另外，如果监护人侵害了被监护人的财产权利，则监护人也可能因其损害被监护人合法权益的行为而被撤销监护资格，并可能承担民事赔偿责任。

法律小课堂

——《中华人民共和国民法典》

第二十六条　父母对未成年子女负有抚养、教育和保护的义务。

成年子女对父母负有赡养、扶助和保护的义务。

第二十七条　父母是未成年子女的监护人。

未成年人的父母已经死亡或者没有监护能力的，由下列有监护能力的人按顺序担任监护人：

(一)祖父母、外祖父母；

(二)兄、姐；

(三)其他愿意担任监护人的个人或者组织，但是须经未成年人住所地的居民委员会、村民委员会或者民政部门同意。

第三十四条　监护人的职责是代理被监护人实施民事法律行为，保护被监护人的人身权利、财产权利以及其他合法权益等。

监护人依法履行监护职责产生的权利，受法律保护。

监护人不履行监护职责或者侵害被监护人合法权益的，应当承担法律责任。

因发生突发事件等紧急情况，监护人暂时无法履行监护职责，被监护人的生活处于无人照料状态的，被监护人住所地的居民委员会、村民委员会或者民政部门应当为被监护人安排必要的临时生活照料措施。

第三十五条　监护人应当按照最有利于被监护人的原则履行监护职责。监护人除为维护被监护人利益外，不得处分被监护人的财产。

未成年人的监护人履行监护职责，在作出与被监护人利益有关的决定时，应当根据被监护人的年龄和智力状况，尊重被监护人的真实意愿。

成年人的监护人履行监护职责，应当最大程度地尊重被监护人的真实意愿，保障并协助被监护人实施与其智力、精神健康状况相适应的民事法律行为。对被监护人有能力独立处理的事务，监护人不得干涉。

第三十六条　监护人有下列情形之一的，人民法院根据有关个人或者组织的申请，撤销其监护人资格，安排必要的临时监护措施，并按照最有利于被监护人的原则依法指定监护人：

（一）实施严重损害被监护人身心健康的行为；

（二）怠于履行监护职责，或者无法履行监护职责且拒绝将监护职责部分或者全部委托给他人，导致被监护人处于危困状态；

（三）实施严重侵害被监护人合法权益的其他行为。

本条规定的有关个人、组织包括：其他依法具有监护资格的人，居民委员会、村民委员会、学校、医疗机构、妇女联合会、残疾人联合会、未成年人保护组织、依法设立的老年人组织、民政部门等。

前款规定的个人和民政部门以外的组织未及时向人民法院申请撤销监护人资格的，民政部门应当向人民法院申请。

——《中华人民共和国未成年人保护法》

第十六条　未成年人的父母或者其他监护人应当履行下列监护职责：

(一)为未成年人提供生活、健康、安全等方面的保障；

(二)关注未成年人的生理、心理状况和情感需求；

(三)教育和引导未成年人遵纪守法、勤俭节约，养成良好的思想品德和行为习惯；

(四)对未成年人进行安全教育，提高未成年人的自我保护意识和能力；

(五)尊重未成年人受教育权利，保障适龄未成年人依法接受并完成义务教育；

(六)保障未成年人的休息、娱乐和体育锻炼时间，引导未成年人进行有益身心健康的活动；

(七)妥善管理和保护未成年人的财产；

(八)依法代理未成年人实施民事法律行为；

(九)预防和制止未成年人的不良行为和违法犯罪行为，并进行合理管教；

(十)其他应当履行的监护职责。

未成年人的监护人应合法履行监护职责

监护制度是法律对无民事行为能力人和限制民事行为能力人的一种救济。被列为监护人的人选必须对被监护人的人身、财产及其他民事权益进行监督和保护。父母是未成年人的法定监护人，除非父母死亡或者丧失监护能力，否则通常情况下不会取消其监护人身份，但是，如果父母没有履行监护职责，或者父母没有合适地履行监护职责，法律规定可以按照程序更换监护人从而保护未成年人的合法权益。根据法律规定，可以成为未成年人监护人的人选包括：祖父母、外祖父母、兄、姐以及其他愿意担任监护人的个人或组织。无论监护人是谁，都必须遵循有利于被监护人、尊重被监护人意愿的原则去行使监护职责。

小宁有权要求自己管理赔偿款吗?

2009年小宁(化名)的母亲江某和父亲姬某带着小宁回老家过春节。不料，在回家的公路上，由于一辆货车逆向超速行驶，撞上了小宁家的小轿车。江某和姬某因伤势过重当场死亡，小宁经抢救后脱离生命危险，但是由于伤势过重仍需要后续治疗。经过交警部门鉴定，货车司机负全责，小宁最后获赔50余万元，用于其个人后续治疗和护理。由于小宁的祖父母均已去世，于是便由小宁的外祖父母代为保管这笔款项。然而，小宁的外祖父母并没有抚养小宁的想法，而是想占有大部分款项，只留出一小部分用于小宁的治疗及生活。法院经过调查核实后，撤销了小宁外祖父母的监护人资格，指定由当地民政部门作为小宁的监护人，明确赔偿款用于小宁日后的康复、学习和生活。①

---

① 案例改编自黑龙江省大兴安岭地区人民法院〔2015〕大商终字第36号民事判决书。

一、 法律对未成年人财产权的保护

所谓未成年人的财产权，即指不满 18 周岁的未成年人对其合法所有的财产依法享有的占有、使用、收益、适当处分等权利。具体而言，未成年人的财产可能包括以下几项：

第一，通过法定监护人履行抚养义务而获得的财产。这部分专供其个人使用的物质生活资料和费用构成未成年人最基本的合法财产。

第二，劳动收入。我国法律以 16 岁为劳动就业、参军的最低年龄，民法领域将凭劳动收入自食其力的 16 岁以上未成年人视为完全行为能力人。未成年人通过合法劳动获得的经济收入受法律保护。此外，部分未成年人因具有某种特殊技能或专长而被特定行业、部门招收录用，所获收入理应属于自己。

第三，奖金和奖品。未成年人参加各种竞赛、评选活动，以及因悬赏广告、抽奖、有奖销售等完成规定行为所获得的奖金和奖品。

第四，知识产权收益。未成年人在掌握一定知识、技能后，从事文学、艺术创作或者小发明创造而对其智力劳动成果拥有知识产权，其对相关收益享有财产权。

第五，接受赠与或遗赠的财产。他人或有关单位明确赠与未成年人的财产，在法律上属于未成年人的个人财产。

第六，继承的财产。根据《民法典》的相关规定，未成年人是父母的第一顺序的法定继承人，还可以代位继承其祖父母或者外祖父母的遗产，并且可以成为遗嘱继承人。代位继承的意思即为，如果父母先于祖父母或外祖父母死亡或被宣告死亡的，则未成年人作为父母的子女，有权继承其父母应从祖父母和外祖父母那里继承的遗产份额。即使尚未出生的胎儿，法律亦明确规定遗产分割时须为其保留必要份额。

第七，按照国家法律、政策规定给予未成年人的财物。比如，生活困难的未成年人享有的城镇居民最低生活保障金等。

第八，赔偿金。行使人身损害赔偿请求权所获的赔偿金，以及根据保险关系中的利益求偿权得到的保险金。

第九，投资收益。未成年人以个人财产从事经营、投资活动所获的各项收益。①

本案中小宁由于交通事故造成伤残，因而行使人身损害赔偿请求权，获取了一定数额的赔偿金，这些赔偿金属于小宁个人。根据《民法典》第 27 条的规定，未成年人的父母已经死亡或者没有监护能力的，由下列有监护能力的人按顺序担任监护人：(1)祖父母、外祖父母；(2)兄、姐；(3)其他愿意担任监护人的个人或者组织，但是须经未成年人住所地的居民委员会、村民委员会或者民政部门同意。小宁作为未成年人，父母已经去世，祖父母也不在人世，那么小宁的外祖父母便作为小宁的第一顺位监护人。再根据《民法典》第 34 条的规定，监护人的职责是代理被监护人实施民事法律行为，保护被监护人的人身权利、财产权利以及其他合法权益等。监护人依法履行监护职责产生的权利，受法律保护。监护人不履行监护职责或者侵害被监护人合法权益的，应当承担法律责任。那么，小宁的外祖父母对于小宁的这笔赔偿金实际上也就只有代为保管的权利，并没有占有或者使用的权利。在本案中，小宁的外祖父母既想要这笔赔偿金，又不愿意抚养小宁，这种做法是违反法律规定的。

① 参见齐欣：《未成年人财产权的法律保护研究》，载《人民论坛》2011 年第 17 期。

二、 如何保护未成年人的财产权

本案中小宁的外祖父母虽然是小宁的监护人，但他们对于小宁的赔偿金仅有代管的权利，并无处分的权利。根据《民法典》的相关规定，监护人行使监护职责不得侵害被监护人的合法权益。那么，对于小宁外祖父母的这种行为，小宁又该如何处理才能保护自身的合法权益呢？实际上，对于不适格的监护人，小宁可以依法申请更换监护人。《民法典》规定了特定情形下，法院经有关个人或者组织的申请，可以重新指定监护人的制度。《民法典》第36条规定："监护人有下列情形之一的，人民法院根据有关个人或者组织的申请，撤销其监护人资格，安排必要的临时监护措施，并按照最有利于被监护人的原则依法指定监护人：（一）实施严重损害被监护人身心健康的行为；（二）怠于履行监护职责，或者无法履行监护职责且拒绝将监护职责部分或者全部委托给他人，导致被监护人处于危困状态；（三）实施严重侵害被监护人合法权益的其他行为。"因此，小宁可以向法院申请，撤销其外祖父母的监护人资格，重新指定监护人。不过，小宁年纪尚小，如果不便向法院申请的，也可以向当地居委会、村委会或者民政部门请求帮助。

本案中，相关机关经过走访调查了解到，小宁在外祖父母监护期间，并未得到及时的治疗。小宁在伤势好转后也并未回到学校继续上学。了解到这些情况后，民政部门向法院提起了申请撤销小宁外祖父母监护人资格的请求，在经过充分的调查核实后，法院作出了撤销小宁的外祖父母监护资格的决定，并指定小宁所在村的村委会作为小宁的新监护人。

血缘关系本是连接上下一代最为可靠、亲密的纽带。但是在金钱面前，有一部分人却迷失了自我。未成年人是一个民族未来的支撑，法律规定监护制度，就是为了保障未成年人的健康成长。《民法典》规定“最有利于被监护人”作为监护的原则，体现了法律的人文关怀。希望每一个未成年人都能够健康成长！

法律小课堂

(一)监护人的职责

——《中华人民共和国民法典》

第三十四条　监护人的职责是代理被监护人实施民事法律行为，保护被监护人的人身权利、财产权利以及其他合法权益等。

监护人依法履行监护职责产生的权利，受法律保护。

监护人不履行监护职责或者侵害被监护人合法权益的，应当承担法律责任。

因发生突发事件等紧急情况，监护人暂时无法履行监护职责，被监护人的生活处于无人照料状态的，被监护人住所地的居民委员会、村民委员会或者民政部门应当为被监护人安排必要的临时生活照料措施。

第三十五条　监护人应当按照最有利于被监护人的原则履行监护职责。监护人除为维护被监护人利益外，不得处分被监护人的财产。

未成年人的监护人履行监护职责，在作出与被监护人利益有关的决定时，应当根据被监护人的年龄和智力状况，尊重被监护人的真实意愿。

成年人的监护人履行监护职责，应当最大程度地尊重被监护人的真实意愿，保障并协助被监护人实施与其智力、精神健康状况相适应的民事法律行为。对被监护人有能力独立处理的事务，监护人不得干涉。

第三十六条　监护人有下列情形之一的，人民法院根据有关个人或者组织的申请，撤销其监护人资格，安排必要的临时监护措施，并按照最有利于被监护人的原则依法指定监护人：

（一）实施严重损害被监护人身心健康的行为；

（二）怠于履行监护职责，或者无法履行监护职责且拒绝将监护职责部分或者全部委托给他人，导致被监护人处于危困状态；

（三）实施严重侵害被监护人合法权益的其他行为。

本条规定的有关个人、组织包括：其他依法具有监护资格的人，居民委员会、村民委员会、学校、医疗机构、妇女联合会、残疾人联合会、未成年人保护组织、依法设立的老年人组织、民政部门等。

前款规定的个人和民政部门以外的组织未及时向人民法院申请撤销监护人资格的，民政部门应当向人民法院申请。

（二）代位继承

——《中华人民共和国民法典》

第一千一百二十八条　被继承人的子女先于被继承人死亡的，由被继承人的子女的直系晚辈血亲代位继承。

被继承人的兄弟姐妹先于被继承人死亡的，由被继承人的兄弟姐妹的子女代位继承。

代位继承人一般只能继承被代位继承人有权继承的遗产份额。

合法权益受到家庭成员的侵害时要寻求外界帮助

在家庭生活中，未成年人的各项权益均由家庭成员进行监督和保护。在部分家庭中，未成年人经常跟随祖父母或者外祖父母生活，父母在外打工，未成年人便成为了留守儿童。当未成年人的财产或者人身权益被家庭内的成员如祖父母或者外祖父母或者兄姐侵害时，要积极寻求居委会、村委会的帮助，也可以向法院请求帮助。如果祖父母或者外祖父母是未成年人的监护人，又侵犯了被监护的未成年人合法权益的，则可以根据法律规定向法院申请撤销其监护人资格。

父母离婚后亮亮可以获得父亲的探视吗?

2005年，秦某与王某相识并结婚，并于同年生下儿子亮亮(化名)，但由于二人性格不合，自亮亮记事起父母就经常因琐事吵架。2013年亮亮8岁的时候，父亲秦某与母亲王某离婚，法院将亮亮的抚养权判决给其母亲王某，并判决秦某每月向王某支付抚养费。离婚后，王某带着亮亮离开了秦家。由于王某工作繁忙，于是便将幼小的亮亮寄养在亮亮外婆家。秦某与王某离婚后，曾经多次想探视亮亮，但是均被王某和亮亮的外婆以各种理由阻挠。经过亲戚朋友、社区的劝解，秦某依然见不到亮亮。迫不得已，秦某向法院提起诉讼，要求探视亮亮。法院认为，秦某作为亮亮的父亲，对孩子适当地探望，是其应有的权利，有利于父子感情的沟通和维持，亦有助于孩子身心健康发展。因此，法院支持了秦某的诉讼请求。①

---

① 案例改编自安徽省滁州市人民法院〔2019〕皖11民终609号民事判决书。

一、 离异父母对孩子的探视权

在本案中，亮亮父亲的请求有无法律上的依据呢？根据《民法典》第 1084 条规定，即使父母离婚，父母与孩子之间的法律关系并不因此解除。正如监护制度中，父母对子女的监护权不因离婚而解除一样。对于亮亮及其母亲王某而言，她具有要求亮亮的父亲秦某按时支付抚养费的权利。因为亮亮与秦某的父子关系在亮亮父母离婚后仍然存在，秦某仍需履行对儿子的抚养义务。同样，对于秦某而言，他也有要求探视亮亮的权利。

更重要的是，这种探视权不仅是作为父亲的秦某的权利，获得探视也是亮亮的权利。对于一名未成年人来说，在良好、和睦的家庭关系中生活对他的健康成长至关重要。父母因为感情不和而家庭破裂，已经对孩子造成了严重的心理创伤。离婚后，父母双方对孩子的抚养和心理关怀更是必不可少的。没有获得抚养权的一方有探视权，而未成年子女也有获得完整父母之爱的权利。

根据《民法典》第 1086 条规定，对于阻挠未获得抚养权一方父或母探视的，首先的解决途径是夫妻双方协议，双方就探视的时间、地点、频率等作出一致的协议并且履行。如果协议不成的，由人民法院予以判决，这种判决是有强制执行力的。对于本案中的王某及秦某而言，他们经过了亲戚朋友、社区的调解，因夫妻双方矛盾太深，始终没有就探望事宜达成协议。最后，秦某迫不得已向法院提起诉讼。因秦某的探视权是受到法律保护的，经法院判决确认后，这种探视权就得到了法律强制力的保障。

二、 婚姻与完整的父母之爱

成年人依法可以解除婚姻这种法律关系，但却不能割离对方对子女的爱。如果夫妻双方不能理性处理双方的关系，解除婚姻关系或许是一个有利于孩子成长的选择。因为完整的家庭如果不能营造和谐的家庭氛围，给孩子提供完整的父母之爱，实际上也是“破碎的”。反之，即使家庭“破碎”了，但如果父母理智地处理好各种关系，孩子仍然拥有完整的父母之爱。

离异家庭的未成年人本身就比拥有完整家庭的孩子更加敏感、自卑，他们更加迫切地需要家庭的温暖，更加贪恋完整的父母之爱。相比已经成年的孩子，孩子在幼年时父母就离异的，家庭关系的破裂对他们伤害更大。幼小的孩子尚不懂得父母之间的情感关系。离婚对于夫妻双方可能是解脱，是新生，但是对于幼小的孩子却是无妄之灾。离婚对孩子带来的这种影响可能是终生的。因此，对父母离婚后的孩子而言，如何弥补由此带来的心理伤害，就至为重要。

探视权是《民法典》明文规定的一项权利，法律规定在人民法院进行判决和强制执行前，要先经过双方的谈判、协议，协议不成的才由法院裁判。这项规定也从侧面反映出，即使是在离异家庭中生活的孩子，父母双方理性处理成人之间的关系与亲子关系，仍然可以为子女提供一个相对和谐的抚养氛围。现实生活中，很多夫妻离异后，通常是周一至周五由母亲带，周末节假日由父亲带；双方接送孩子的时候也是和和睦睦的。因此，将离婚对孩子的伤害降到最低并不难。在此过程中，父母双方要充分为孩子营造健康成长的氛围，父或母一方不应向孩子灌输对方“不好”的观念。

三、 父母离异后再婚对未成年人的保护

父母离异后，父母与子女间的关系，不因父母离婚而消除。离婚后，子女无论由父或母直接抚养，仍是父母双方的子女。离婚后，父母对于子女仍有抚养和教育的义务。如父母双方因抚养问题发生争执不能达成协议时，根据未成年人的身心状况、父或母一方的经济能力，由人民法院根据子女的权益和双方的具体情况判决。如果获得抚养权的父亲或母亲一方再婚并生育小孩的，对于生活在再婚家庭中的未成年人又该如何保护呢？对于再婚家庭的孩子而言，其亲生父母对他的抚养义务，他对亲生父母的赡养义务并不因此而解除。而再婚家庭的继父母与继子女之间，同样具有法律上的抚养与赡养义务。《民法典》第1072条规定：“继父母与继子女间，不得虐待或歧视。继父或继母和受其抚养教育的继子女间的权利和义务，适用本法对父母子女关系的有关规定。”

父母离异后又再婚的，不仅具有血缘关系的父母对未成年人有抚养义务，父母再婚后再婚家庭的继父母同样对继子女有抚养的义务。这种抚养义务是由法律设定的，与是否存在血缘关系无关。与此同时，对于父母的婚姻变动，子女也应该表示尊重父母的选择。尊重父母再婚的权利，不干涉父母再婚以及婚后的生活。子女对有血缘关系的父母和继父母的赡养义务，也不因父母的婚姻关系变化而变化。

实际上，子女最大的愿望就是家庭和睦。对于离异家庭中未成年子女的保护，不仅需要法律层面的制度保障，更重要的是在现实

生活中，离异后的父母、继父母之间应形成一个良性的互动，大家和睦生活，把离婚对子女的影响降到最低。法律以强制力保障婚姻家庭生活，但并不意味着大家必须“对簿公堂”。由法官解决亲子关系并不是最佳选择，成年人以符合情理的方式解决婚姻家庭领域的问题才是优先的选择。

法律小课堂

（一）亲子关系

——《中华人民共和国民法典》

第二十六条　父母对未成年子女负有抚养、教育和保护的义务。

成年子女对父母负有赡养、扶助和保护的义务。

第一千零六十七条　父母不履行抚养义务的，未成年子女或者不能独立生活的成年子女，有要求父母给付抚养费的权利。

成年子女不履行赡养义务的，缺乏劳动能力或者生活困难的父母，有要求成年子女给付赡养费的权利。

第一千零六十九条　子女应当尊重父母的婚姻权利，不得干涉父母离婚、再婚以及婚后的生活。子女对父母的赡养义务，不因父母的婚姻关系变化而终止。

第一千零七十二条　继父母与继子女间，不得虐待或者歧视。

继父或者继母和受其抚养教育的继子女间的权利义务关系，

适用本法关于父母子女关系的规定。

第一千零八十四条　父母与子女间的关系，不因父母离婚而消除。离婚后，子女无论由父或者母直接抚养，仍是父母双方的子女。

离婚后，父母对于子女仍有抚养、教育、保护的权利和义务。

离婚后，不满两周岁的子女，以由母亲直接抚养为原则。已满两周岁的子女，父母双方对抚养问题协议不成的，由人民法院根据双方的具体情况，按照最有利于未成年子女的原则判决。子女已满八周岁的，应当尊重其真实意愿。

第一千零八十六条　离婚后，不直接抚养子女的父或者母，有探望子女的权利，另一方有协助的义务。

行使探望权利的方式、时间由当事人协议；协议不成的，由人民法院判决。

父或者母探望子女，不利于子女身心健康的，由人民法院依法中止探望；中止的事由消失后，应当恢复探望。

（二）对未成年人子女的保护

——《中华人民共和国未成年人保护法》

第十五条　未成年人的父母或者其他监护人应当学习家庭教育知识，接受家庭教育指导，创造良好、和睦、文明的家庭环境。

共同生活的其他成年家庭成员应当协助未成年人的父母或者其他监护人抚养、教育和保护未成年人。

单亲家庭的未成年人有权获得父母一方探视

父母离异后，没有直接抚养子女的父或母一方享有对未成年子女探望、联系、会面、交往、短期共同生活的权利。对于直接抚养孩子的一方家长而言，这是义务；对于没有直接抚养孩子的一方而言，这是权利。对于还处在家庭生活中的未成年人，获得父爱和母爱同等重要，《民法典》中明确规定的这项权利在一定程度上能够保证离异家庭的孩子的健康成长。法律同时也规定了探望权的行使必须有利于孩子的身心健康发展，因此父亲或母亲一方行使探望权也要注意方式，最大限度地降低家庭破裂对孩子成长造成的影响。

小菲是否有权请求父亲支付抚养费?

2015 年沈某与马某经人介绍相识，后二人在未办理结婚登记的情况下以夫妻名义生活，并共同经营一个门面。2017 年，沈某怀孕，于是便离开住所回到老家，并于 2018 年春天生下一女沈小菲(化名)。在沈某怀孕期间及生下小菲后，马某从未向沈某支付抚养费。于是，沈某于 2018 年 9 月向人民法院提起诉讼，要求马某按月支付女儿的抚养费。但马某经法院合法传唤并未到庭参与庭审，法院依法作出马某支付沈某抚养费的判决。后马某向一审法院的上级法院提起上诉，请求撤销一审法院支付抚养费的判决，并且将小菲的姓由沈改为马。二审法院认为，同居关系不受法律保护。但是，非婚生子女享有与婚生子女同等的权利，二人虽然没有办理结婚登记，但不影响其对孩子抚养的义务。因此，维持了一审法院的判决。①

① 案例改编自江西省抚州市人民法院〔2019〕赣 10 民终 90 号民事判决书。

一、 非婚生子女的权利

在本案中沈某与马某并未进行婚姻登记，其同居关系并不受婚姻法保护。但是，根据《婚姻法》第 25 条规定，非婚生子女享有与婚生子女同等的权利，任何人不得加以危害和歧视。不直接抚养非婚生子女的生父或生母，应当负担子女的生活费和教育费，直至子女能独立生活为止。在社会大众看来，亲生子女与所谓“私生子”在社会观念上有很大区别，因而“私生子”常常遭受歧视。但是，非婚生子女的出现主要是由于父母的选择与过错造成的，非婚生子女不能因此而遭受不利后果。在此基础上，我国《婚姻法》规定了非婚生子女与婚生子女有同样的权利与义务。因此，在本案中，马某对小菲应当承担抚养义务。

二、 非婚生子女的权利保障路径

非婚生子女取得婚生子女资格的制度属于非婚生子女的准正。对于非婚生子女的保护，我国《婚姻法》仅在第 25 条作了简单规定，没有明确规定非婚生子女的准正，仅有部分司法机关在处置具体案件中体现了相关观点。实践中，生父母登记结婚，实际上就是某种意义上的准正，即事实上承认非婚生子女的法律地位。如果沈某和马某事后领证，则小菲就成为婚生子女而不再是非婚生子女。

那么，本案中马某是否有权利要求小菲改姓马呢？我国法律并未规定父母对非婚生子女的认领制度，所以在司法实践中对于生父要求非婚生子女随父姓的请求，一般认为被认领的子女既可以随父姓，也可以随母姓，由父母双方协商决定；如果子女已经成年，则由子女自己决定。因此，在本案中，小菲的姓氏要由父母双方协商决定，马某不能因为小菲没有随自己姓，而拒绝支付抚养费。

此外，非婚生子女与婚生子女一样，同样享有继承权。不过，在实际的案件中，子女要求继承财产时需要进行 DNA 鉴定，证明自己与被继承人的血缘关系。其实，确认非婚生子女和亲生父母的关系时，最好的方法是沟通，是心理上的隔阂消除和认同。另外，我国法律上的婚生子女范围，是指婚姻关系存续期间所生的子女。婚姻关系产生以前或结束以后的子女都不是婚生子女。严格来说，婚生子女和非婚生子女在法律上并没有任何权利上的差别。这种区分的方式主要广泛存在于坊间，过分强化这种区分，不利于法律上对二者权利的平等保障。

三、 非婚生子女的户籍制度

非婚生子女的落户长期以来存在实际困难。2015 年，国务院办公厅印发的《关于解决无户口人员登记户口问题的意见》规定，不符合计划生育政策的无户口人员、政策外生育、非婚生育的无户口人员，本人或者监护人可以凭《出生医学证明》和父母一方的居民户口簿、结婚证或者非婚生育说明，本人可以按照随父随母落户自愿的政策，申请办理常住户口登记。申请随父落户的非婚生育无户口人员，需要一并提供具有资质的鉴定机构出具的亲子鉴定证明。

非婚生子女的抚养权、抚养费的纠纷不在少数，其中还包含着上户口、改姓等一系列争执。非婚生子女的成长教育不仅是一个法律问题，也是一个社会问题。人们对非婚生子女的态度反映了这个社会对人的生存发展的基本态度。非婚生子女群体的出现仅仅是因为其生父母的选择，责任不在子女。对于非婚生子女，应当摒弃“私生子”的提法，给予其同等保护。对于未成年的非婚生子女，给予其监护的保护；对于成年的非婚生子女，给予其选择的自由。而户口是关乎一个人生存发展的基本要素，社会不应在这一关口上剥夺非婚生子女的权利。

事实上，对于非婚生子女的保护，最重要的一关是普通民众对于他们的看法和观念。在旧社会，“私生子”总是为人所议论，不被人接受，更别提享受继承权。但是在文明的现代社会，首先应从名称上消除歧视的态度，法律层面以简单的“婚生与否”将子女区别开来，不过生活中则无须做称谓上的区分。只要有血缘关系的，都是儿子或女儿。其次，各级地方政府应该保障非婚生子女获得户籍的权利，也保障其获得生父母的抚养费及其继承权。

法律小课堂

（一）非婚生子女的权利与义务

——《中华人民共和国民法典》

第一千零七十一条　非婚生子女享有与婚生子女同等的权利，任何组织或者个人不得加以危害和歧视。

不直接抚养非婚生子女的生父或者生母，应当负担未成年子女或者不能独立生活的成年子女的抚养费。

（二）非婚生子女遗产的继承

——《中华人民共和国民法典》

第一千一百二十七条　遗产按照下列顺序继承：

（一）第一顺序：配偶、子女、父母；

（二）第二顺序：兄弟姐妹、祖父母、外祖父母。

继承开始后，由第一顺序继承人继承，第二顺序继承人不继承；没有第一顺序继承人继承的，由第二顺序继承人继承。

本编所称子女，包括婚生子女、非婚生子女、养子女和有扶养关系的继子女。

本编所称父母，包括生父母、养父母和有扶养关系的继父母。

本编所称兄弟姐妹，包括同父母的兄弟姐妹、同父异母或者同母异父的兄弟姐妹、养兄弟姐妹、有扶养关系的继兄弟姐妹。

非婚生子女如何上户口

实践中，未婚生子的情况并不少见，由于没有婚姻关系，非婚生子女上户口就成为一个难题。2015年国务院办公厅印发《关于解决无户口人员登记户口问题的意见》初步解决了这个问题，即凭《出生医学证明》和父母一方的居民户口簿、结婚证或者非婚生育说明，就可以办理户口登记。有了户口，小孩就可以上学、就医等。户口是一个人生存和发展的基本要素，如果家长遇到了拒绝给非婚生子女办理户口的情况，可以明确提出此种做法的违法性。

“童模”如何维护本人权益?

2019 年 4 月，一则“童模”在拍摄过程中被亲生母亲狠踹的视频在网上流传开来，引发了网友的热烈争议。随着童装宣传需求的日益增加，市场对“童模”的需求也越来越高。“童模”大多是三岁到八九岁的孩子，他们大多是根据家长安排从事服装宣传和拍摄工作，拍摄效果比较好的小模特每天收入不菲。在利益的吸引下，有一些“童模”被家长安排超时拍摄甚至辍学专职拍摄。有的小模特每天承受着不小的工作量，甚至还会遭到辱骂、体罚等虐待行为。①

“童模”被踹事件发生后，“童模”群体迅速引起了社会公众的关注。“童模”的超时拍摄、被迫辍学、遭受辱骂虐待、违法代言等问题凸显出来。可以说，“童模”是互联网市场经济发展中出现的伴生问题，本该在学校健康成长的孩子却出来工作。这种行为应由谁来监督？这样的违规行为如

① 参见何勇海：《首个童模保护机制具有破冰意义》，载《人民法治》2019 年第 11 期。

何规制?

一、 对未成年人权益的检察工作

未成年人权益的保护是人民检察院的工作重心之一。本案件发生后，浙江省杭州市滨江区人民检察院行使法律监督的职能，经过多次实地走访调查，并与滨江区市场监督管理局、共青团滨江区委会讨论，听取了社会意见后，出台了《关于规范童模活动保护未成年人合法权益的意见》(以下简称《童模意见》)。《童模意见》明确童模活动范围，对活动场所、内容、强度等作出详细规定。如规定不得让儿童穿戴有违公序良俗的服饰进行拍摄，不得因童模活动使儿童辍学或变相辍学等。同时明确童模行业从业人员及监护人的责任，突出强调不得使用或变相使用童工，不得实施殴打、辱骂等虐待行为等。同时，相关职能部门应定期检查，发现问题及时进行干预。必要时，检察机关可通过公益诉讼等形式对童模进行司法保护。① 根据提起公益诉讼主体的不同，公益诉讼可以分为检察机关提起的公益诉讼、其他社会团体和个人提起的公益诉讼。检察机关对于行政机关在未成年人人身、财产等权利保护和安全方面履职不到位的，依法制发诉前检察建议，督促行政机关整改纠正。对超期拒不整改纠正的，依法向人民法院提起公益诉讼。

2019 年，余姚市人民检察院就针对未成年人个人信息保护方面，提起了公益诉讼。2019 年 9 月，浙江省余姚市人民检察院在履行审查起诉职能中发现线索，3 家培训机构存在利用非法获取的学

---

① 参见《建立“童模”保护机制，落实涉众未成年人权益检察监督》，载中华人民共和国最高人民检察院网：https://www.spp.gov.cn/spp/zdgz/201905/t20190527_419635.shtml，2020 年 4 月 20 日访问。

生个人信息进行营销的行为。据统计，3 家培训机构各自通过非法手段获取学生个人信息 10 万多条，利用这些信息频繁向学生家长推销培训课程，对广大学生及其家长的工作生活造成了严重干扰，严重损害社会公共利益。余姚市人民检察院相关部门第一时间启动公益诉讼，以原有刑事案件证据为基本依托，立即补充调查收集证据，形成了完整的证据链。目前，此案尚在办理之中，为未成年人个人信息的保护提供了有益的探索。

检察机关作为法律监督的主体，对于监护人不合理地让儿童进行模特活动的行为，是有监督权的。实际上《民法典》和《中华人民共和国教育法》(以下简称《教育法》)中还规定了一些对未成年人保护的基本条款，可以在原则上保护“童模”的权益。

二、 我国现行法律的“童模”权益保护条款

第一，童模是否属于童工？《中华人民共和国劳动法》(以下简称《劳动法》)第 15 条规定，用人单位不得招用未满 16 周岁的未成年人。同时也严格禁止任何单位或者个人给不满 16 周岁的未成年人介绍工作。如果用人单位违反劳动法招录不满 16 周岁的未成年人工作，则可能被劳动行政部门处以罚款，情节严重的，还可能被吊销营业执照。根据 2012 年国务院《禁止使用童工规定》第 13 条的规定，文艺、体育等单位经过监护人同意可以招用不满 16 周岁的未成年人。在司法审判中，大部分司法机关认为童模并不属于文艺、体育类单位招用。现实生活中，大多数童模拍摄工作并非是固定与一家服装公司拍摄，童模与服装公司并未形成稳定的劳动关系，所以大部分人认为童模不属于童工。

虽然童模不属于童工，但是童模的监护人和商家也要注意儿童的健康成长。应根据儿童的身心特点，不安排强度过大的拍摄任

务，也不能安排不符合社会公序良俗的拍摄工作。如果童模和某一家服装公司形成了稳定的劳动合同，则属于童工，监护人和商家则也必须遵守《劳动法》、《中华人民共和国劳动合同法》(以下简称《劳动合同法》)、《禁止使用童工规定》的相关法律规定。

第二，保障儿童的受教育权。根据《教育法》的规定，我国实行九年制义务教育，各级单位和个人要保障少年儿童的义务教育。儿童的受教育既是权利，也是义务。这就意味着，儿童有权要求家长及相关部门保障他们上学的权利。另外，儿童的监护人也不能放弃让儿童接受教育。因为保障子女受教育是监护人必须履行的义务，也关乎国家长久的发展战略。儿童是民族的未来，需要我们共同关注。

在中国众多的“童模”中，有的家长通过儿童拍摄获取不菲的收入，于是向孩子传输一种“读书无用论”的观点，认为孩子不读书也能将自己养活，过得很好。这种做法不仅不利于自己孩子的长久发展，也违背了法律。同时这种不好的风气在整个社会中流传开来，也不利于整个社会形成向学爱学的风气。

第三，不得体罚、虐待儿童。在“童模被踹”的视频中，我们清楚地看到其亲生母亲对孩子猛踹。检察院经调查知晓，因为强度过大的拍摄工作，小女孩稍微迟疑了下，其母亲就对她进行打骂。在中国众生百相的“童模”生态中，这种事情或许不在少数。儿童无论是心智还是身体的发展都尚不成熟，他们也许并不能理解什么是“钱”，就已经被安排了赚钱的工作。强度过大的工作连成年人都难以忍受，何况几岁的儿童。根据法律的相关规定，监护人不得辱骂、殴打、虐待儿童，否则要承担民事责任，情节严重的，还可能被追究刑事责任。

第四，保护“童模”的财产权益。童模不属于童工，没有与商家形成劳务合同关系，更类似于一种“经纪合约”，适用的是民事合同的规定。值得一提的是，我国在立法上缺乏对童模、童星、少年运动员收入的保护，但可以借鉴《联合国儿童权利公约》、美国《未成年表演者法》、日本《劳动基准法》的相关规定，在立法上从原则和细化规定方面保护未成年人的劳动报酬权，避免监护人侵占未成年人收入的情况发生。美国《未成年表演者法》也称为《库根法》，起因于童星库根在娱乐圈从业期间取得不菲的收入，但其成年后发现其所有表演收入被监护人挥霍一空，遂于 1939 年起诉其监护人并胜诉，从而推动了法案的出台。①《民法典》规定，未满 8 周岁的未成年人为无民事行为能力人，由法定代理人代为实施民事法律行为。因此，童模的收入归属应为童模本人，虽然其属于无民事行为能力人，但童模是履行民事合同的主体，报酬归属人就应是童模本人，父母作为监护人仅有管理报酬的权利，没有支配权。

“童模”是随着时代发展新出现的事物，其存在合理之处，也有不合理甚至违法之处。保护未成年人的身心健康，使得他们能够健康成长的关键在于明确监督主体和相关法律法规。

法律小课堂

(一)童工的相关规定

——《中华人民共和国劳动法》

第十五条　禁止用人单位招用未满十六周岁的未成年人。

文艺、体育和特种工艺单位招用未满十六周岁的未成年人，

① 参见孙遥：《童星的民事法律保护研究》，载《山东青年政治学院学报》2016 年第 4 期。

必须遵守国家有关规定，并保障其接受义务教育的权利。

第九十四条　用人单位非法招用未满十六周岁的未成年人的，由劳动行政部门责令改正，处以罚款；情节严重的，由市场监督管理部门吊销营业执照。

——《禁止使用童工规定》

第七条　单位或者个人为不满16周岁的未成年人介绍就业的，由劳动保障行政部门按照每介绍一人处5000元罚款的标准给予处罚；职业中介机构为不满16周岁的未成年人介绍就业的，并由劳动保障行政部门吊销其职业介绍许可证。

第十三条　文艺、体育单位经未成年人的父母或者其他监护人同意，可以招用不满16周岁的专业文艺工作者、运动员。用人单位应当保障被招用的不满16周岁的未成年人的身心健康，保障其接受义务教育的权利。文艺、体育单位招用不满16周岁的专业文艺工作者、运动员的办法，由国务院劳动保障行政部门会同国务院文化、体育行政部门制定。学校、其他教育机构以及职业培训机构按照国家有关规定组织不满16周岁的未成年人进行不影响其人身安全和身心健康的教育实践劳动、职业技能培训劳动，不属于使用童工。

（二）适龄儿童受教育权的保护

——《中华人民共和国教育法》

第十九条　国家实行九年制义务教育制度。

各级人民政府采取各种措施保障适龄儿童、少年就学。

适龄儿童、少年的父母或者其他监护人以及有关社会组织和个人有义务使适龄儿童、少年接受并完成规定年限的义务教育。

第五十条　未成年人的父母或者其他监护人应当为其未成年子女或者其他被监护人受教育提供必要条件。

未成年人的父母或者其他监护人应当配合学校及其他教育机构，对其未成年子女或者其他被监护人进行教育。

学校、教师可以对学生家长提供家庭教育指导。

(三)未成年人权益的保护

——《中华人民共和国未成年人保护法》

第十七条　未成年人的父母或者其他监护人不得实施下列行为：

(一)虐待、遗弃、非法送养未成年人或者对未成年人实施家庭暴力；

(二)放任、教唆或者利用未成年人实施违法犯罪行为；

(三)放任、唆使未成年人参与邪教、迷信活动或者接受恐怖主义、分裂主义、极端主义等侵害；

(四)放任、唆使未成年人吸烟(含电子烟，下同)、饮酒、赌博、流浪乞讨或者欺凌他人；

(五)放任或者迫使应当接受义务教育的未成年人失学、辍学；

(六)放任未成年人沉迷网络，接触危害或者可能影响其身心健康的图书、报刊、电影、广播电视节目、音像制品、电子出版物和网络信息等；

(七)放任未成年人进入营业性娱乐场所、酒吧、互联网上网服务营业场所等不适宜未成年人活动的场所；

（八）允许或者迫使未成年人从事国家规定以外的劳动；

（九）允许、迫使未成年人结婚或者为未成年人订立婚约；

（十）违法处分、侵吞未成年人的财产或者利用未成年人牟取不正当利益；

（十一）其他侵犯未成年人身心健康、财产权益或者不依法履行未成年人保护义务的行为。

（四）虐待未成年人的处罚

——《中华人民共和国反家庭暴力法》

第二条　本法所称家庭暴力，是指家庭成员之间以殴打、捆绑、残害、限制人身自由以及经常性谩骂、恐吓等方式实施的身体、精神等侵害行为。

——《中华人民共和国刑法》

第二百六十条【虐待罪】　虐待家庭成员，情节恶劣的，处二年以下有期徒刑、拘役或者管制。

犯前款罪，致使被害人重伤、死亡的，处二年以上七年以下有期徒刑。

第一款罪，告诉的才处理。但被害人没有能力告诉，或者因受到强制、威吓无法告诉的除外。

儿童世界不应该存在太多功利

“童模被踹”事件折射出当前社会对于儿童权益保护的漠视。儿童是祖国的未来，民族的希望，本应在幼儿园度过烂漫童年的小朋友，却早早背负上了金钱的负担，成为部分家庭“啃小”的工具。超时工作、耽误学业等都属于侵害儿童权益的行为，即便是亲生父母，也不能这样对待他们。儿童年纪尚小，不懂维权，检察机关要充分发挥法律监督机关的作用，做好检查工作。通过各种手段将“童模”机制的运行限制在合法范围内，保护儿童健康成长，维护市场平稳运行。儿童世界应是静谧的梦田，而非充满着金钱与功利。

子女如何应对家庭暴力?

2015 年 9 月，某省某市某区发生命案，一名刚满 16 周岁的学生小明(化名)涉嫌故意杀害亲生父亲周某。2016 年年初，犯罪嫌疑人小明被移送该区检察院审查批准逮捕。检察院了解到小明因为从小缺失家庭关爱，家庭经济的拮据使得他的性格变得较为极端、敏感自卑，而且长期遭受醉酒父亲的毒打。这起伤害案件也是因为父亲喝醉酒后又一次殴打小明，小明无法忍受出手反击，最终造成了这出惨剧。该区人民检察院多次召开检察官联席会议进行讨论，最终认为小明不构成犯罪，对小明作出了无罪不捕的决定，小明最终得以释放。①

一、 未成年人犯罪的基础原因

通常良好家庭教育培养出的孩子的人格是健

---

① 案例改编自《2019 年最高检十大典例》，载中华人民共和国最高人民检察院官网：https://www.spp.gov.cn/spp/zdgz/201905/t20190527_419635.shtml，2020 年 4 月 25 日访问。

全的，是待人友好的。而家庭教育缺失的孩子，其性格则多孤僻、敏感、自卑，更甚者可能会具有暴力倾向，叛逆、易怒，并且抗拒父母的教育。而这种性格一旦形成，就难以改变，这种影响一旦起作用，就连学校和社会后天的教育都很难改变。

在这起小明伤害父亲的案件中，小明正是生活在这样一个缺乏家庭关爱的环境中，由于家庭经济条件不好，更加使得他敏感、自卑。我国法律对未成年人保护的原则便是选择一种最有利于其身心健康的方式。该区检察院在召开多次联席会议，考虑到本案的具体情节，听取各方意见后，最终没有作出逮捕小明的决定。对于未成年人来说，其心智、身体发育尚不成熟，思考问题的方式比较简单，我国法律对于涉罪未成年人犯，都认为应当是以教育为主，惩罚为辅。尤其在本案中，小明犯罪情节显著轻微，可以认定为正当防卫，因而最后司法机关不进行追诉是合法合理的。

二、 未成年人犯罪案件的刑事程序

第一，批准逮捕。不同于成年人，未成年人的批准逮捕程序要遵循法律的特别规定，《人民检察院办理未成年人刑事案件的规定》第13条规定，对涉嫌犯罪的未成年人批准逮捕前要进行审查，主要审查的是犯罪事实、主观恶性、有无监护与社会帮教条件等，司法上对未成年人批准逮捕的态度是严格适用。由此看出，对于未成年人犯罪，刑罚的功能是教育大于惩罚、预防大于打击。

第二，起诉。在法院审查起诉的阶段，有一个特别的规定，那就是针对未成年人的附条件不起诉决定。对于一些犯罪情节轻微的未成年人犯罪案件，有以下情形的，一般就会适用不起诉决定：其一，未成年人被胁迫参与犯罪的；其二，犯罪预备、中止、未遂的；其三，在共同犯罪中起次要或者辅助作用的；其四，系又聋又哑的人或者盲人的；其五，因防卫过当或者紧急避险过当构成犯罪的；其六，有自首或者立功表现的。

整体而言，刑事惩罚对于未成年人犯罪案件处理的态度与成年人犯罪案件的处理态度是有差异的，未成年人在心智、社会认知方面与成年人都有较大的差别，刑法出于教育和改造的目的，设立了不同于成年人犯罪的审查批捕和起诉的制度，可见法律对于未成年人的关爱。

三、 涉案未成年人的刑事责任

对于本案的法律问题分析，主要涉及以下两点：第一，未成年人犯什么罪可能被追究刑事责任？第二，正当防卫的成立具体要求什么条件？第三，未成年人如果确定被追究刑事责任，则适用刑罚时应考虑什么因素？

第一，未成年人犯什么罪可能被追究刑事责任？未成年人实施犯罪是否被追究刑事责任，主要取决于他的年龄以及所犯的具体罪行。一般而言，凡是已经年满 16 周岁的未成年人，不论犯何种罪行均应依法定罪量刑。但是，14 周岁至 16 周岁的未成年人有故意杀人、故意伤害致人重伤或者死亡、强奸、抢劫、贩卖毒品、放火、爆炸、投毒行为之一的，也要被追究刑事责任。例如，14 周岁的未成年人在盗窃中有故意杀人行为的，就符合被追究故意杀人罪的刑事责任的条件。如果不负刑事责任，但是仍然需要责令家长对其管教，有必要的时候政府也可以收容教育。在本案中，小明虽然已经年满 16 周岁，达到了需要负刑事责任的年龄，但他伤害父亲的行为，最后被认定为正当防卫，因而不属于犯罪。

第二，行为人进行正当防卫的不负刑事责任。正当防卫的意思，就是指为使国家、公共利益、本人或者他人的人身、财产和其他权利免受正在进行中的不法侵害，而采取的制止不法侵害的行为，同时这种行为对不法侵害人造成了损害。在我国的司法实践中，法院认定正当防卫是比较谨慎的，因为是否成立正当防卫往往会引起很大的争议，比如“于欢案”“昆山反杀案”等。① 法治社会的建设往往伴随着司法的公正，这几起案件更能体会出正当防卫制度的立法原意，更能让普通民众感受到公平正义。另外，行为人对正在进行行凶、杀人、抢劫、强奸、绑架以及其他严重危及人身安全的暴力犯罪的人，采取防卫行为，造成实施不法侵害的对方人身伤亡的，不属于防卫过当，不负刑事责任。例如，警察正在追捕罪犯，罪犯反抗的，当然不能认为是正当防卫，因为警察的行为有正当性根据，不属于不法侵害。再如，手机的失主追小偷时与其发生肢体冲突的行为属于正当防卫，但如果已经将小偷打倒在地，小偷丧失继续逃跑或威胁失主人身安全的能力，失主继续攻击小偷的行为就不属于正当防卫。本案中，小明的父亲在醉酒后对小明拳打脚踢，甚至抄起木棍对小明的头部进行打击，小明进行自我保护而反击的行为就属于正当防卫。

第三，未成年人如果确定被追究刑事责任，那适用刑罚时应考虑什么因素？我国法律的未成年人保护原则中的“最有利于被监护人”“尊重未成年人的人格尊严”“适应未成年人身心健康发展的特点”“教育与保护相结合”，在适用刑罚时也必须考虑。在本案中，

---

① 参见《河北涞源反杀案宣告无罪，你还记得曾经引起轰动的那些正当防卫案件吗?》，载搜狐网：https：//www.sohu.com/a/299172447_99937011，2020 年 4 月 25 日访问。

小明年纪尚小，其行为也被认为符合正当防卫的情形。如果其行为没有被认定为正当防卫，案件进入刑事审判环节，法官对其定罪后宣告刑罚时也会考虑前述原则。通常而言，对于 3 年以下有期徒刑的案件，法官通常会判处缓刑。因为，对于情节不那么恶劣的轻犯罪者，如果判决刑期比较短的有期徒刑，就是将他们送到监狱与重刑犯监禁在一起，这更有可能导致“交叉感染”，使轻犯罪者沾染更多的恶习，其改造效果则不明显，刑罚对于未成年罪犯的教育效果就更有限了。

近年来，未成年人伤害、杀害自己亲人的案件时有发生。这类型的案件每次被曝光以后，我们总要反思，未成年人的培养教育到底是哪一个环节出了差错？关爱呵护未成年人健康成长，离不开家庭、学校、社会的共同努力，其中最核心的一环就在于家庭，家庭教育对孩子的影响是一生的，是不容忽视的。

法律小课堂

（一）刑事责任年龄

——《中华人民共和国刑法》

第十三条【犯罪概念】　一切危害国家主权、领土完整和安全，分裂国家、颠覆人民民主专政的政权和推翻社会主义制度，破坏社会秩序和经济秩序，侵犯国有财产或者劳动群众集体所有的财产，侵犯公民私人所有的财产，侵犯公民的人身权利、民主权利和其他权利，以及其他危害社会的行为，依照法律应当受刑罚处罚的，都是犯罪，但是情节显著轻微危害不大的，不认为是犯罪。

第十七条【刑事责任年龄】

已满十六周岁的人犯罪，应当负刑事责任。

已满十四周岁不满十六周岁的人，犯故意杀人、故意伤害致人重伤或者死亡、强奸、抢劫、贩卖毒品、放火、爆炸、投放危险物质罪的，应当负刑事责任。

已满十二周岁不满十四周岁的人，犯故意杀人、故意伤害罪，致人死亡或者以特别残忍手段致人重伤造成严重残疾，情节恶劣，经最高人民检察院核准追诉的，应当负刑事责任。

对依照前三款规定追究刑事责任的不满十八周岁的人，应当从轻或者减轻处罚。

因不满十六周岁不予刑事处罚的，责令其父母或者其他监护人加以管教；在必要的时候，依法进行专门矫治教育。

（二）正当防卫

——《中华人民共和国刑法》

第二十条【正当防卫】 为了使国家、公共利益、本人或者他人的人身、财产和其他权利免受正在进行的不法侵害，而采取的制止不法侵害的行为，对不法侵害人造成损害的，属于正当防卫，不负刑事责任。

正当防卫明显超过必要限度造成重大损害的，应当负刑事责任，但是应当减轻或者免除处罚。

对正在进行行凶、杀人、抢劫、强奸、绑架以及其他严重危及人身安全的暴力犯罪，采取防卫行为，造成不法侵害人伤亡的，不属于防卫过当，不负刑事责任。

未成年人应当珍惜法律对自己的关怀

我国的刑事法律在处理未成年人犯罪案件时秉持的是教育和改造的态度，这不仅体现在刑事责任年龄的规定上，也体现在刑事诉讼程序方面。法律的出发点是好的，但是有一部分未成年人尚不知爱惜自己的羽翼，社会中频频发生12～14周岁的孩子犯下恶行的案件。这些事件引起了普通民众对未成年人犯罪的讨论，也引起了大家对未成年人保护制度的反思。诚然，未成年人是需要被保护的，但是在经济迅速发展的当下，未成年人懂得的也许并不比成年人少，甚至部分未成年人利用法律关于刑事责任年龄的规定而犯下罪行却不受惩罚，这既损害了法律权威，也伤害了大家对法律的信任。未成年人应当珍惜法律对自己的关怀，不应滥用这种权利。

谁来抚平受虐待儿童的心理创伤？

2017年3月19日，渭南6岁男童的鹏鹏（化名）遭继母虐待，导致其75%颅骨损伤，全身多处软组织损伤，生命垂危，陷入深度昏迷呈植物人状态。2017年11月15日，渭南市临渭区检察院以故意伤害罪、虐待罪对继母孙某提起公诉。2018年10月30日，陕西继母虐童案在渭南市临渭区法院一审开庭审理，临渭区法院以故意伤害罪判处孙某有期徒刑十五年，以虐待罪判处有期徒刑两年，数罪并罚，决定执行有期徒刑十六年。①

一、 虐待罪

家庭本应是孩子们受伤疗愈伤口时温馨的港湾。不知从何时起，新闻媒体频繁曝出家庭虐童事件，有的是继父母虐待儿童，有的甚至是亲生

---

① 案例改编自《陕西渭南虐童案宣判：继母孙某被判16年》，载网易网：http：//lady.163.com/18/1030/16/DVCMTM9C00267VA9.html，2020年4月28日访问。

父母虐待儿童。但无论是哪种情况，都是不可原谅的。我国法律规定了虐待罪，是指行为人以打骂、冻饿、强迫过度劳动、有病不予治疗、限制自由、凌辱人格等手段，对共同生活的家庭成员从肉体上和精神上进行摧残、折磨，情节恶劣的行为。陕西渭南继母虐童案中，6 岁的鹏鹏 75%颅骨损伤，陷入深度昏迷呈植物人状态，由护工照顾，生母偶尔来探望，生父从未露面。根据我国法律，鹏鹏的继母显然已经构成虐待罪。

第一，鹏鹏的继母属于虐待罪的主体范围，即家庭成员。虐待家庭成员的情形可能是生父母虐待子女、继父母虐待继子女，也可能是子女虐待生父母，或继子女虐待继父母。本案中，继母虐待鹏鹏符合虐待罪的主体要求。第二，鹏鹏的继母实施了情节恶劣的虐待行为。虐待行为不限于肉体上的摧残，还包括精神上的折磨，包括一切使家庭成员的肉体和精神痛苦的行为。比如殴打、辱骂、不给无生活能力的孩子提供必要生活条件等。那么什么是情节恶劣呢？情节恶劣要从虐待行为的严重程度、对被虐待孩子的生命和身体健康的威胁程度、虐待的频次、虐待的手段、虐待造成的结果综合考虑。比如，对患有严重疾病的孩子，不给治疗又殴打、辱骂的，就构成情节恶劣。

在本案中，2017 年 3 月初孙某因被害人鹏鹏不听管教，以其独自离家为由，对被害人罚站、罚跪。后来，又以被害人鹏鹏偷其金戒指等为由，用手脚、棍棒等多次对被害人实施殴打，致使鹏鹏全身多处受伤。2017 年 3 月 29 日，孙某以被害人弄脏床铺为由，对被害人头部多次实施殴打，年仅 6 岁的鹏鹏被送进渭南市第一人民医院，当时已遍体鳞伤，75%颅骨损伤，两根肋骨骨折，双目视网膜和上门牙脱落，全身多处皮肤溃烂，甚至心脏也停止跳动。经医院全力抢救，鹏鹏最终活了过来，然而更多的磨难接踵而至。① 鹏鹏继母的虐待行为手段极其残忍，已经构成犯罪。

二、 虐待被监护人、 被看护人罪

在家庭这个场所中，除了家庭成员之间的虐待，也可能出现非家庭成员的虐待，如保姆虐童案件。2017 年 3 月 18 日，保姆周某在给小孩喂食时，发现小孩将米糊吐在了桌子上，周某一巴掌就打在了小孩头上，之后还打小孩的手臂泄愤，小孩哭闹不止，周某就强行将米糊给小孩灌进去。2019 年 1 月 15 日，网曝长沙一保姆虐童，视频中显示，该保姆将儿童倒提着，还将孩子扔在地上，之后还将孩子扔在沙发上。类似的案件屡见不鲜。在 2015 年《刑法》修改前，对于保姆虐童案件，不能适用虐待罪处理。因为虐待罪仅适用于家庭成员间的虐待行为，保姆并非家庭成员，只是将其作为被雇佣的人员来看待。

在此背景下，2015 年的《刑法修正案(九)》增加了虐待被监护人、被看护人罪，规定对未成年人、老年人、患病的人、残疾人等负有监护、看护职责的人虐待被监护、看护的人，情节恶劣的，处 3 年以下有期徒刑或者拘役。根据这条新增法规，虐待被监护、看护人罪主要保护未成年人、老年人、患病的人、残疾人，其约束规制对前述人员负有监护、看护职责的学校(含幼儿园等育婴机构)、养老院、医院、福利院等单位负有监护、看护职责的人员以及直接负责的主管人员和其他直接责任人员。同样，这种虐待行为需要达

---

① 参见《3 · 29 陕西渭南继母虐童案》，载百度百科：https：//baike.sogou. com/v177076021. htm? fromTitle = %E6%B8%AD%E5%8D%97%E8%99%90%E7%AB%A5%E6%A1%88，2020 年 4 月 26 日访问。

到情节恶劣的程度。如果情节极其恶劣，造成了被监护、看护的人重伤、死亡等严重后果的，应该依照处罚较重的罪名，例如以故意伤害罪、故意杀人罪定罪处罚。

无论是有血缘关系的亲生父母，还是没有血缘关系的继父母、养父母，还是非家庭成员的保姆、家教等，只要其实施了殴打、体罚、辱骂等虐待未成年人的行为，使未成年人受到精神或肉体上的痛苦，那么就有可能因为触犯虐待罪或虐待被监护、看护人罪，更有可能触犯故意伤害罪等严重罪行而被追究刑事责任。少年儿童的心智和身体正处于发育的时候，切莫将罪恶之手伸向本应该温馨的家庭港湾!

法律小课堂

(一)虐待罪

——《中华人民共和国刑法》

第二百六十条【虐待罪】　虐待家庭成员，情节恶劣的，处二年以下有期徒刑、拘役或者管制。

犯前款罪，致使被害人重伤、死亡的，处二年以上七年以下有期徒刑。

第一款罪，告诉的才处理，但被害人没有能力告诉，或者因受到强制、威吓无法告诉的除外。

第二百六十条之一【虐待被监护、看护人罪】　对未成年人、老年人、患病的人、残疾人等负有监护、看护职责的人虐待被监护、看护的人，情节恶劣的，处三年以下有期徒刑或者拘役。

(二)反家庭暴力

——《中华人民共和国反家庭暴力法》

第五条　反家庭暴力工作遵循预防为主，教育、矫治与惩处相结合原则。

反家庭暴力工作应当尊重受害人真实意愿，保护当事人隐私。

未成年人、老年人、残疾人、孕期和哺乳期的妇女、重病患者遭受家庭暴力的，应当给予特殊保护。

第十二条　未成年人的监护人应当以文明的方式进行家庭教育，依法履行监护和教育职责，不得实施家庭暴力。

第十三条　家庭暴力受害人及其法定代理人、近亲属可以向加害人或者受害人所在单位、居民委员会、村民委员会、妇女联合会等单位投诉、反映或者求助。有关单位接到家庭暴力投诉、反映或者求助后，应当给予帮助、处理。

家庭暴力受害人及其法定代理人、近亲属也可以向公安机关报案或者依法向人民法院起诉。

单位、个人发现正在发生的家庭暴力行为，有权及时劝阻。

第十四条　学校、幼儿园、医疗机构、居民委员会、村民委员会、社会工作服务机构、救助管理机构、福利机构及其工作人员在工作中发现无民事行为能力人、限制民事行为能力人遭受或者疑似遭受家庭暴力的，应当及时向公安机关报案。公安机关应当对报案人的信息予以保密。

第十五条　公安机关接到家庭暴力报案后应当及时出警，制止家庭暴力，按照有关规定调查取证，协助受害人就医、鉴定伤情。

无民事行为能力人、限制民事行为能力人因家庭暴力身体受到严重伤害、面临人身安全威胁或者处于无人照料等危险状态的，公安机关应当通知并协助民政部门将其安置到临时庇护场所、救助管理机构或者福利机构。

第二十一条 监护人实施家庭暴力严重侵害被监护人合法权益的，人民法院可以根据被监护人的近亲属、居民委员会、村民委员会、县级人民政府民政部门等有关人员或者单位的申请，依法撤销其监护人资格，另行指定监护人。

被撤销监护人资格的加害人，应当继续负担相应的赡养、扶养、抚养费用。

第二十二条 工会、共产主义青年团、妇女联合会、残疾人联合会、居民委员会、村民委员会等应当对实施家庭暴力的加害人进行法治教育，必要时可以对加害人、受害人进行心理辅导。

勇敢对家庭暴力说“不”

家庭暴力是指发生在家庭成员之间的暴力行为，这种暴力不仅是身体上的，也可能包括心理上的。未成年人成为家庭暴力的对象时，不仅身体上饱受着摧残，心理上也会发生变化。他们由外向开朗变得内向阴郁、沉默寡言，长此以往，甚至可能产生暴力倾向。未成年人要勇敢对家庭暴力说“不”，发生这种事件时，未成年人要积极寻求帮助，可以向家庭内的其他成员、社区工作人员或者警察叔叔请求帮助，以便解决问题、健康成长。

被继父性侵的小萌应该向谁求助?

11岁的小萌(化名)在父母离异后，随母亲江某一同生活。江某离婚后数次改嫁，小萌在新家庭常常被继父性侵。后来，生母决定将11岁的小萌强行与邻村的老光棍林某指定婚约。小萌的继父经常毒打小萌，要求其尽快“嫁过去办事算了”，小萌誓死不从。小萌的继父“一计不成，又生一计”，又联系好了村里时常来买卖人口的高某，希望把小萌以高价卖出从而获取回报。后来小萌的婶婶有一次来小萌家串门时知道了此事，便将这个情况报告了村委会。村委会紧急报告了派出所，派出所经过调查，认为继父涉嫌强奸罪，予以抓捕。最终，法院以强奸罪判处被告人有期徒刑十年，剥夺政治权利一年。①

一、强奸罪

我国法律规定，以暴力、胁迫或者其他手段

---

① 案例改编自浙江省温州市人民法院〔2018〕浙03刑终19号刑事判决书。

奸淫不满 14 周岁幼女的行为，毫无疑问属于强奸罪，并且要从重处罚。要认定奸淫幼女的不法行为，重要的条件是行为人明知被害人是不满 14 周岁的幼女而与之发生性行为。在本案中，小萌只有 11 岁，他的继父应当对此有明确的认识，其行为已经构成强奸罪，并且应从重处罚。

本案中小萌的亲生母亲江某是否构成强奸罪的共犯呢？二人以上共同故意犯罪的，就属于共同犯罪。判定江某是否构成强奸罪的共犯，要看江某是否对继父的罪行明知，并予以帮助。如果本案中江某为了不使“家丑”外扬，便替小萌的继父隐瞒，甚至望风，那就已经构成强奸罪的帮助犯。根据法律规定，在共同犯罪中起辅助和次要作用的，属于从犯，应当从轻、减轻或者免除处罚。本案中，江某是否触犯强奸罪我们不得而知，但是江某给小萌安排婚约这种行为，令人寒心，也有暴力干涉婚姻自由的嫌疑。

家庭本应是孩子休憩的港湾，但继父将魔掌伸向幼小的孩子，亲生母亲反而“助纣为虐”，这给孩子造成的将是永远无法弥补的心灵创伤。一名荷兰少女在童年期间三次遭到性侵，17 岁的她已患有严重的抑郁症、创伤后应激障碍以及厌食症，最后在家中选择了安乐死。① 由此可见，年幼时的经历将会影响孩子的一生。

二、 拐卖儿童罪

以非法获利为目的出卖亲生子女的，也构成拐卖儿童罪。本案中，江某与小萌的继父在给小萌订婚没有成功的情况下，又决定将

① 案例改编自《17 岁少女被性侵选择安乐死：孩子，保护好自己，是你一生最重要的功课》，载搜狐网：https：//www. sohu. com/a/320764131_244771，2020 年 4 月 26 日访问。

小萌卖给人贩子获利，这种行为也应该被追究刑事责任。在普通人的印象中，拐卖妇女、儿童的都是凶神恶煞、鬼鬼祟祟偷孩子、抢孩子的人贩子。事实上，在很多经济欠发达地区，出于重男轻女、未婚怀孕或者生活困难等原因，很多亲生父母也会将自己的亲生子女出卖给人贩子，这种行为同样可能构成犯罪。父母明知对方不具有抚养目的，或者根本不考虑对方是否具有抚养目的，为收取钱财将子女“送”给他人的，也属于拐卖儿童罪。在本案中，江某与小萌的继父合谋将小萌出卖给人贩子，但是最终由于证据不足因而未对江某和小萌的继父拐卖儿童行为进行处罚。

三、 被性侵后的维权途径

第一，切莫惊慌，固定证据。有数据显示，大部分性侵行为发生在熟人之间。如果未成年人不幸遭遇性侵，第一件事是冷静，然后保留好证据，不要洗澡和整理衣物。然后去医院，请求医院做身体检查，保存好证据。

第二，带上证据尽早去报案。如果未成年人决定报案，应该尽快带上固定好的证据去寻求警察的帮助，配合警察做好笔录。无论你多么厌恶这个人，请保留好与他的网络聊天记录，保存好截图，这些证据将能够起到关键性作用。

第三，永远相信自己。不要怀疑自己，也不要否定自己。做错事的是坏人，而不是自己。如果心理上真的遇到了很难跨过的坎，尝试做一做心理治疗。如果没有条件，也不愿意报案，请不要自己一个人扛着，和最值得信任的朋友、长辈聊一聊。

法律小课堂

（一）共同犯罪

——《中华人民共和国刑法》

第二十五条【共同犯罪的概念】 共同犯罪是指二人以上共同故意犯罪。

二人以上共同过失犯罪，不以共同犯罪论处；应当负刑事责任的，按照他们所犯的罪分别处罚。

第二十七条 在共同犯罪中起次要或者辅助作用的，是从犯。

对于从犯，应当从轻、减轻处罚或者免除处罚。

（二）涉及女性保护的具体罪名

——《中华人民共和国刑法》

第二百三十四条【故意伤害罪】 故意伤害他人身体的，处三年以下有期徒刑、拘役或者管制。

犯前款罪，致人重伤的，处三年以上十年以下有期徒刑；致人死亡或者以特别残忍手段致人重伤造成严重残疾的，处十年以上有期徒刑、无期徒刑或者死刑。本法另有规定的，依照规定。

第二百三十六条【强奸罪】 以暴力、胁迫或者其他手段强奸妇女的，处三年以上十年以下有期徒刑。

奸淫不满十四周岁的幼女的，以强奸论，从重处罚。

强奸妇女、奸淫幼女，有下列情形之一的，处十年以上有期徒刑、无期徒刑或者死刑：

（一）强奸妇女、奸淫幼女情节恶劣的；

（二）强奸妇女、奸淫幼女多人的；

（三）在公共场所当众强奸妇女、奸淫幼女的；

（四）二人以上轮奸的；

（五）奸淫不满十周岁的幼女或者造成幼女伤害的；

（六）致使被害人重伤、死亡或者造成其他严重后果的。

第二百三十六条之一　对已满十四周岁不满十六周岁的未成年女性负有监护、收养、看护、教育、医疗等特殊职责的人员，与该未成年女性发生性关系的，处三年以下有期徒刑；情节恶劣的，处三年以上十年以下有期徒刑。

有前款行为，同时又构成本法第二百三十六条规定之罪的，依照处罚较重的规定定罪处罚。

第二百四十条【拐卖妇女、儿童罪】　拐卖妇女、儿童的，处五年以上十年以下有期徒刑，并处罚金；有下列情形之一的，处十年以上有期徒刑或者无期徒刑，并处罚金或者没收财产；情节特别严重的，处死刑，并处没收财产：

（一）拐卖妇女、儿童集团的首要分子；

（二）拐卖妇女、儿童三人以上的；

（三）奸淫被拐卖的妇女的；

（四）诱骗、强迫被拐卖的妇女卖淫或者将被拐卖的妇女卖给他人迫使其卖淫的；

（五）以出卖为目的，使用暴力、胁迫或者麻醉方法绑架妇女、儿童的；

（六）以出卖为目的，偷盗婴幼儿的；

（七）造成被拐卖的妇女、儿童或者其亲属重伤、死亡或者其他严重后果的；

(八)将妇女、儿童卖往境外的。

拐卖妇女、儿童是指以出卖为目的，有拐骗、绑架、收买、贩卖、接送、中转妇女、儿童的行为之一的。

第二百五十七条【暴力干涉婚姻自由罪】 以暴力干涉他人婚姻自由的，处二年以下有期徒刑或者拘役。

犯前款罪，致使被害人死亡的，处二年以上七年以下有期徒刑。

第一款罪，告诉的才处理。

——《关于依法惩治拐卖妇女儿童犯罪的意见》

16. 以非法获利为目的，出卖亲生子女的，应当以拐卖妇女、儿童罪论处。

17. 要严格区分借送养之名出卖亲生子女与民间送养行为的界限。区分的关键在于行为人是否具有非法获利的目的。应当通过审查将子女“送”人的背景和原因、有无收取钱财及收取钱财的多少、对方是否具有抚养目的及有无抚养能力等事实，综合判断行为人是否具有非法获利的目的。

具有下列情形之一的，可以认定属于出卖亲生子女，应当以拐卖妇女、儿童罪论处：

(1)将生育作为非法获利手段，生育后即出卖子女的；

(2)明知对方不具有抚养目的，或者根本不考虑对方是否具有抚养目的，为收取钱财将子女“送”给他人的；

(3)为收取明显不属于“营养费”、“感谢费”的巨额钱财将子女“送”给他人的；

(4)其他足以反映行为人具有非法获利目的的“送养”行

为的。

不是出于非法获利目的，而是迫于生活困难，或者受重男轻女思想影响，私自将没有独立生活能力的子女送给他人抚养，包括收取少量“营养费”、“感谢费”的，属于民间送养行为，不能以拐卖妇女、儿童罪论处。对私自送养导致子女身心健康受到严重损害，或者具有其他恶劣情节，符合遗弃罪特征的，可以遗弃罪论处；情节显著轻微危害不大的，可由公安机关依法予以行政处罚。

防范儿童遭性侵任重而道远

保护孩子是父母一生的责任，帮助孩子树立正确的两性观、健康成长是家长必要的责任。家长应该告诫孩子：第一，不要让别人触摸私密部位。第二，不要吃或者喝陌生人给的东西。第三，不要无条件服从别人。家长和孩子要保持良好的信任关系，孩子有任何正在经历的事情要和父母分享，要想做到这一点，父母就必须让孩子知道，自己是可以信任的，是无论何时都会支持他的坚强后盾。父母应当在平常的生活中关心孩子的变化并耐心引导，这样才能让孩子在一个健康阳光的氛围中长大。

留守儿童小飞该何去何从?

雷某与吴某原系夫妻关系，婚后于2011年育有一子吴小飞(化名)。2014年5月，雷某和吴某经法院判决离婚，判决婚生子吴小飞随吴某生活，雷某每月支付生活费1000元并承担吴小飞教育费、医疗费的50%。离婚后，吴某将婚生子小飞送往重庆，吴小飞一直跟随年迈的祖父母在重庆居住生活。可雷某并未按月支付抚养费，吴某也拒绝雷某行使探望权，雷某遂向法院提起诉讼，认为吴小飞的实际成长环境已发生变化，吴某因工作原因不能长期亲自照顾吴小飞，致使吴小飞只能由其祖父母直接抚养，不利于吴小飞的健康成长，因此请求法院变更抚养权。法院认为，吴某已经将吴小飞接至成都进行抚养，且吴小飞自雷某和吴某离婚后，一直跟随吴某生活，在吴某的生活条件和客观情况未出现重大变化的条件下，改变吴小飞的生活环境不利于其健康成长，因而驳回了雷某的请求。①

---

① 案例改编自成都市中级人民法院〔2017〕川01民终2055号民事判决书。

一、 外出务工与委托照护

在本案中，吴小飞的父母离异后，吴小飞的抚养权虽然是判决给了其父亲吴某，但是由于吴某一直在外务工，吴小飞实际上一直跟随自己的祖父母生活，成了留守儿童。根据最新修订的《未成年人保护法》第 22 条的规定，未成年人的父母或者其他监护人因外出务工等原因在一定期限内不能完全履行监护职责的，应当委托具有照护能力的完全民事行为能力人代为照护；无正当理由的不得委托他人照护。委托照护应当充分考虑被委托人的道德品质、家庭环境、经济和身心状况、与未成年人在生活和情感上的联系等情况，并听取有表达意愿能力的未成年人的意见。法院在认定吴小飞跟随祖父母生活是否属于生活条件和客观情况发生重大变化时，需要考虑的第一点，即是祖父母是否有监护能力，比如祖父母的年纪、身体健康状况等。若祖父母本身是年事已高又患有疾病的话，那么很难认为祖父母还有监护小飞的能力。第二，考虑祖父母的道德品质，以及与小飞是否能够产生情感上的联系。这一条主要是考量祖父母是否能给吴小飞的教育带来积极的影响，是否能够像父母一样陪伴吴小飞成长、理解吴小飞，而不至于产生代沟和无法沟通。但生活中普遍的现实是，跟随爷爷奶奶生活的孩子或者敏感内向，难以融入群体，或者溺爱贪玩，自大蛮横，这些情况都要作为考虑委托照护对象的因素。法律中提到的主要几种禁止委托照护的情形就包括委托照护人有以下情形的：(1) 曾实施性侵害、虐待、遗弃、拐卖、暴力伤害等违法犯罪行为的；(2) 有吸毒、酗酒、赌博等恶习；(3) 曾拒不履行或长期怠于履行监护、照护职责；(4) 其他不适宜担任被委托人的情形。

本案中，吴小飞的母亲雷某以吴小飞的生活条件发生重大变化要求变更抚养权，但并未举出证据证明吴小飞的祖父母有以上任何不适合委托照护的情况，且吴某在庭审中提出他已经将吴小飞接回自己的身边生活，因而法院最后未同意吴小飞母亲雷某的请求。

二、 留守儿童监护人选择的其他规定

吴小飞父母离异的时候，小飞尚不足 8 周岁，根据《未成年人保护法》第 21 条的规定，未成年人的父母或者其他监护人不得使未满 8 周岁或者由于心理、生理原因需要特别照顾的未成年人处于无人看护状态，或者将其交由无民事行为能力、限制民事行为能力、患有严重传染性疾病或者其他不适宜的人员临时照护。未成年人的父母或者其他监护人不得使未满 16 周岁未成年人脱离监护单独生活。

由此，吴小飞的母亲雷某主张变更抚养权，如果祖父母不属于禁止委托照护的 5 种情形，且祖父母有监护能力没有使得吴小飞处于无人看护的状态，那么雷某就不能简单凭借吴小飞跟随祖父母这一点理由就要求变更抚养权。

三、 家庭教育指导

最新修订的《未成年人保护法》第 15 条规定，父母或者其他监护人应当学习家庭教育知识，接受家庭教育指导，正确履行监护职责，创造良好、和睦、文明的家庭环境。这条规定属于原则性规定，并没有规定父母应当具体学习哪些家庭教育知识，也没有规定父母应当如何接受家庭教育指导。在具体的适用中，家长接受家庭教育指导要考虑以下两点：

第一，健康的身体。在孩子的培养中，使其拥有健康的体魄是

最首要的。提供合理的膳食、督促孩子进行适度的运动都能使孩子的身体变得更加健康。

第二，健康的心理。孩子除了要有健康的身体，更要有健康的心理。在孩子成长的过程中，父母及其他监护人应当提供一个良好的家庭环境，关注孩子的心理健康，培养出人格健全的孩子。

法律小课堂

（一）监护职责

——《中华人民共和国未成年人保护法》

第十六条　未成年人的父母或者其他监护人应当履行下列监护职责：

（一）为未成年人提供生活、健康、安全等方面的保障；

（二）关注未成年人的生理、心理状况和情感需求；

（三）教育和引导未成年人遵纪守法、勤俭节约，养成良好的思想品德和行为习惯；

（四）对未成年人进行安全教育，提高未成年人的自我保护意识和能力；

（五）尊重未成年人受教育的权利，保障适龄未成年人依法接受并完成义务教育；

（六）保障未成年人的休息、娱乐和体育锻炼时间，引导未成年人进行有益身心健康的活动；

（七）妥善管理和保护未成年人的财产；

（八）依法代理未成年人实施民事法律行为；

（九）预防和制止未成年人的不良行为和违法犯罪行为，并

进行合理管教;

(十)其他应当履行的监护职责。

(二)委托照护

——《中华人民共和国未成年人保护法》

第二十一条　未成年人的父母或者其他监护人不得使未满八周岁或者由于身体、心理原因需要特别照顾的未成年人处于无人看护状态,或者将其交由无民事行为能力、限制民事行为能力、患有法定传染性疾病或者其他不适宜的人员临时照护。

未成年人的父母或者其他监护人不得使未满十六周岁的未成年人脱离监护单独生活。

第二十二条　未成年人的父母或者其他监护人因外出务工等原因在一定期限内不能完全履行监护职责的,应当委托具有照护能力的完全民事行为能力人代为照护;无正当理由的,不得委托他人代为照护。

未成年人的父母或者其他监护人在确定被委托人时,应当综合考虑其道德品质、家庭状况、身心健康状况、与未成年人生活情感上的联系等情况,并听取有表达意愿能力未成年人的意见。

具有下列情形之一的,不得作为被委托人:

(一)曾实施性侵害、虐待、遗弃、拐卖、暴力伤害等违法犯罪行为;

(二)有吸毒、酗酒、赌博等恶习;

(三)曾拒不履行或者长期怠于履行监护、照护职责;

(四)其他不适宜担任被委托人的情形。

(三)家庭教育指导

——《中华人民共和国未成年人保护法》

第十五条　未成年人的父母或者其他监护人应当学习家庭教育知识，接受家庭教育指导，创造良好、和睦、文明的家庭环境。

共同生活的其他成年家庭成员应当协助未成年人的父母或者其他监护人抚养、教育和保护未成年人。

关注留守儿童的身心健康

随着城市经济的发展，越来越多的人选择走出村镇去城里务工，他们的未成年子女被迫留在老家与祖父母和外祖父母生活，变成了“留守儿童”。留守儿童面临着与父母长期分离的现状，他们与祖父母和外祖父母产生的较大代沟，使得他们的成长备受关注。关注留守儿童，需从其身体健康和心理健康两个方面具体考量。

什么是人身安全保护令？

田某(男)与潘某某(女)经人介绍相识，并于2003年登记结婚，2007年生育一女佳佳。在婚姻生活中，田某长期实施家庭暴力，殴打女儿。在长期压迫和毒打之下，佳佳经常浑身是伤，还患上了强迫症、抑郁症和恐惧症，并经常企图自杀，一见到田某就浑身发抖。2019年3月，潘某某终于无法忍受压力而向法院提出申请，向法院申请家庭暴力人身保护令，请求法院对其女儿提供人身安全保护，同时判决二人结束婚姻关系。

最终，法院经审理认为，根据潘某某提交的报警证明、报案记录、田某书写的保证书、佳佳的病例记录等证据可以证明田某存在家庭暴力的事实，对于潘某某关于家庭暴力人身保护令的申请，法院予以准许，同时判决田某与潘某某离婚，并承担对潘某某的损害赔偿。①

---

① 案例改编自《青岛发布十大典型家事案例　家暴对未成年子女伤害巨大》，载人民网：http：//sd.people.com.cn/n2/2016/0308/c370702-27889241.html，2020年4月20日访问。

一、 什么是家庭暴力?

本案是一起典型的因为家庭暴力给未成年子女造成严重身体损害和心理伤害的案件。生活在暴力家庭中的未成年子女，会在心理健康、学习和行为等方面出现一定障碍，常常表现为焦虑、胆小怕事或蛮横无理、学习注意力难以集中、人际关系不良等。即使未成年子女并不直接挨打，处于暴力氛围之中的孩子，如果经常目睹一方家长挨打，也会陷入极不安全的心理状态中。更严重的后果是，大多家庭暴力行为的习得，主要是通过家庭文化的代际传递而实现的。如果从小目睹父母之间暴力行为的未成年人，会误以为家庭暴力是正常现象，很可能在不知不觉中学会用拳头解决问题。

根据相关国际公约、国外立法以及理论通说，家庭暴力包括身体暴力、性暴力、精神暴力和经济控制四种类型。其中，身体暴力是指加害人通过殴打或捆绑受害人、限制受害人人身自由等使受害人产生恐惧的行为。性暴力是指加害人强迫受害人以其感到屈辱、恐惧、抵触的方式接受性行为，或残害受害人性器官等性侵犯行为。精神暴力是指加害人以侮辱、谩骂或者不予理睬、不给治病、不肯离婚等手段对受害人进行精神折磨，使受害人产生屈辱、恐惧、无价值感等作为或不作为行为。经济控制是加害人通过对家庭财产和家庭收支状况的严格控制，摧毁受害人自尊心、自信心和自我价值感，以达到控制受害人的目的。①

虽然一般父母和子女之间的纠纷中也可能会存在轻微暴力的行

---

① 参见最高人民法院中国应用法学研究所：《涉及家庭暴力婚姻案件审理指南》，2008 年 3 月。

为，甚至可能会因为一方失手而造成另一方较为严重的身体伤害，但这与家庭暴力有着本质的区别。家庭暴力的核心是权力和控制。大多数家庭暴力行为会呈现一定的周期性，并且会在不同程度上造成受害人的身体或心理伤害后果，导致受害一方因为恐惧而屈从于加害方的意愿。而一般父母与子女之间的纠纷并不具备家庭暴力的有关特征。

尤其是对于未成年人而言，未成年人正处于身体和心理的发育和形成期，家庭暴力不免会对其造成极大的伤害。根据联合国秘书长2006年发布的《关于侵害妇女的一切形式的暴力行为的深入研究》，生活在暴力家庭中的未成年子女，会在心理健康、学习和行为等多个方面出现障碍。许多生活在家庭暴力家庭的孩子，会出现在学习时注意力难以集中的现象。同时，学校里经常逃学或者辍学的学生，有不少是来自于有家庭暴力行为的家庭。他们往往生活在担惊受怕中，害怕自己被挨打，导致其长期处于焦虑之中。这些问题产生的根源往往在于这种令他们长期处于恐惧且缺少关爱的家庭暴力氛围和环境。有时候，虽然未成年子女并不直接被打骂，但是他们目睹或者知晓一方家长经常被挨打时所受到的心理伤害并不比自己直接被挨打轻。在家庭暴力发生时，孩子们不免会觉得不安全，也会对周遭的一切产生怀疑。

通常，经历家庭暴力的未成年人一方面会对加害人感到愤怒，另一方面又会想要得到来自加害人的关爱。未成年人遭受家庭暴力时，不仅会承受极为严重的皮肉苦，更重要的是其自信心和自尊心也会受到很大的打击，他们可能变得胆小怕事，难以信任他人，也可能变得蛮横无理、欺侮弱小，导致其不能正常地与人交往，甚至产生一定的心理问题。

二、 遭遇家暴怎么办?

如果未成年人遭遇家庭暴力，第一时间应该怎么做呢?

第一，及时找到能够庇护自己的亲人。一般来说，父母对未成年人实施家庭暴力之后可以寻求对自己爱护的亲人的保护，例如叔叔阿姨、爷爷奶奶、外公外婆等。在亲人的劝说和开导下，父母或许会意识到家暴的错误性，并转变对孩子的态度。

第二，寻求可靠的朋友或者老师帮助。在举目无亲或者亲人不能给予帮助的情况下，未成年人应该选择自己能够信任的老师或者同学，将遭到家庭暴力的事实告诉他们，寻求他们的帮助。

第三，情况危急时及时报警。当自己遭遇危险时，可以即刻跑出家门赶往附近的公安机关寻求帮助，及时避免进一步的危险。如果无法及时赶到公安机关，在有条件的情况下也应该及时报警，请警察介入。

第四，及时向居民委员会、村民委员会等基层组织，或团委、妇联等机构求助。居民委员会、村民委员会等组织是时时在我们周围且与我们日常生活息息相关的组织。当遇到问题时，如果没有可信任的人或者不知道该如何作为时，可以向这些基层组织寻求帮助。被实施家庭暴力的成员，有权向居民委员会、村民委员会以及所在单位提出请求，而收到相关请求的组织也应当及时对暴力行为予以劝阻、调解。对正在实施的家庭暴力，受害人有权提出请求，居民委员会、村民委员会应当予以劝阻和调解。

第五，条件具备时申请人身安全保护令。在涉及家庭暴力的婚姻案件审理过程中，普遍存在受害人以及未成年子女的人身安全受威胁、精神受控制的情况，甚至存在典型的“分手暴力”现象，严重影响了诉讼活动的正常进行。此时，人身安全保护令是保障被害人人身安全的重要法律武器。人身安全保护令是一种民事强制措施，是人民法院为了保护家庭暴力受害人及其子女和特定亲属的人身安全、确保婚姻案件诉讼程序的正常进行而作出的民事裁定。

三、 人身安全保护令的申请条件及效力

当父母一方对孩子施加暴力时，另一方监护人可以向法院申请人身安全保护令。同时，未成年人本人也可以自己请祖父母等近亲属、公安机关、妇女联合会、居民委员会、村民委员会、救助管理机构代为申请人身安全保护令。

人身安全保护令是司法令状的一种，而司法令状是由法官根据行政机关及其人员的申请签发的一种命令。申请该命令的行政机关及其人员在办理刑事案件中或者会被授予某一权利，例如进行有证逮捕、有证搜查等；或者进行某一行为，譬如根据人身安全保护令释放被拘禁者。司法令状制度不仅是司法权对于行政监督的一种体现，而且是对公民自由权利和人权的一种保障措施。可以说，人身安全保护令有着十分重要的意义。而在运用人身安全保护令时，如何申请人身安全保护令是首先需要明确的，2016 年 3 月 1 日起施行的《中华人民共和国反家庭暴力法》对于人身安全保护令作出了明确、具体的规定。同时，《湖南省高级人民法院关于加强对家庭暴力受害妇女的司法保护的指导性意见》《无锡市崇安区人民法院关于婚姻案件涉及家庭暴力的认定规则》《长沙市岳麓区人民法院关于加强家庭暴力受害人人身安全保护的暂行规定》等指导性文件对人身安全保护令的裁定方式作出了进一步详细的规定。据此，可以对人身安全保护令的申请和提出进行整理和分析。

1. 人身安全保护令的提出方式是怎样的？

申请人身安全保护令一般应以书面的方式提出，如果以书面申

请的方式确有困难的，可以通过口头的方式申请，由人民法院记入笔录。

2. 应向谁申请人身安全保护令？

人身安全保护令的申请由受害人经常居住地、加害人经常居住地或家庭暴力行为发生地的人民法院受理。如果两个以上同级人民法院都有管辖权的，则由最初受理的人民法院进行管辖。

3. 申请人身安全保护令须满足什么条件？

如若法院要作出人身安全保护令，应当具备明确的被申请人、具体的请求以及有遭受家庭暴力或者面临家庭暴力现实危险的情形。因此，申请人向有管辖权的人民法院提交申请书时，也应在其中写明有关的加害人、具体的申请请求并且清晰阐述当事人遭受家庭暴力或者面临家庭暴力的现状与现实危险。如果受害人是无民事行为能力人、限制民事行为能力人，或者因为受到强制、威吓等原因无法申请人身安全保护令的，其近亲属、公安机关、妇女联合会、居民委员会、村民委员会、救助管理机构可以代为申请。

4. 申请人身保护令需要提交哪些证据？

申请人身安全保护令的证据，可以是伤照、报警证明、证人证言、社会机构的相关记录或证明、加害人保证书、加害人带有威胁内容的手机短信等。如果拥有这些证据，可以证明其正在遭受家庭暴力或者面临家庭暴力的现实危险，则应尽快向法院申请人身安全保护，以免再次受到伤害。

5. 人身安全保护令对被申请人会采取哪些措施？

人身安全保护令主要包含以下措施：禁止被申请人实施家庭暴力；禁止被申请人骚扰、跟踪、接触申请人及其相关近亲属；责令被申请人迁出申请人住所；保护申请人人身安全的其他措施。

具体来说，人身安全保护令包含下列内容中的一项或多项措施：(1)禁止被申请人殴打、威胁申请人或申请人的亲友；(2)禁止被申请人骚扰、跟踪申请人，或者与申请人或者可能受到伤害的未成年子女进行不受欢迎的接触；(3)人身安全保护裁定生效期间，一方不得擅自处理价值较大的夫妻共同财产；(4)有必要的并且具备条件的，可以责令被申请人暂时搬出双方共同的住处；(5)禁止被申请人在距离下列场所50米至200米内活动：申请人的住处、学校、工作单位或其他申请人经常出入的场所；(6)必要时，责令被申请人自费接受心理治疗；(7)为保护申请人及其特定亲属人身安全的其他措施。

6. 人身安全保护令的有效期为多长时间？

人身安全保护令的有效期不超过6个月，自作出之日起生效。人身安全保护令失效前，人民法院可以根据申请人的申请撤销、变更或者延长。

7. 人身安全保护令应如何实施？

人身安全保护裁定自送达之日起生效。人民法院将人身安全保护裁定抄送辖区公安机关的同时，应告知辖区的公安机关保持警觉，履行保护义务。公安机关拒不履行必要的保护义务，造成申请人伤害后果的，受害人可以以公安机关不作为为由提起行政诉讼，追究相关责任。

与此同时，人民法院应当监督被申请人履行人身安全保护裁定。被申请人在人身安全保护裁定生效期间，继续骚扰受害人、殴打或者威胁受害人及其亲属、威逼受害人撤诉或放弃正当权益，或有其他拒不履行生效裁定行为的，人民法院可以根据《民事诉讼法》相关规定，视其情节轻重处以罚款、拘留。构成犯罪的，移送公安机关处理，或者告知受害人可以提起刑事自诉。如果加害人的家暴行为触犯了刑法，则被害人及其监护人可以依法向法院提出申请，请求法院给予公正的判决。

另外，如果因为父母一方在婚姻生活中存在家暴行为而提起离婚诉讼时，不仅可以申请人身安全保护令，还可以请求加害方给予损害赔偿。如果父母因为一方存在家暴而离婚，则一般孩子应该由无过错方抚养，另一方则应负担必要的生活费和教育费的一部分或全部。一般情况下，非抚养孩子的一方有探视未成年子女的权利，但是如果未成年子女受家庭暴力影响，被探视会导致其受到伤害时，则应优先考虑未成年子女的感受，而中止加害人的探视权。但是，如果加害人完成加害人心理矫治，并且有心理机构盖章、治疗师签名的其已经能够控制暴力冲动的证明，或者存在法院认为有必要的其他情形，则可以恢复其探视权。

虽然可以通过申请人身安全保护令保障未成年人的身体健康，防止其继续受到物理伤害，但是对于未成年人的心理所造成的损伤却是永远无法磨灭的。因此，在发现亲属存在家庭暴力行为或者身边的朋友遭遇家庭暴力行为时，应及时采取措施，制止相关的暴力行为，其不仅可以防止自身被侵害，也可以预防其他人因为不了解情况而被伤害。

法律小课堂

——《中华人民共和国民法典》

第一千零七十九条　夫妻一方要求离婚的，可以由有关组织进行调解或者直接向人民法院提起离婚诉讼。

人民法院审理离婚案件，应当进行调解；如果感情确已破裂，调解无效的，应当准予离婚。

有下列情形之一，调解无效的，应当准予离婚：

（一）重婚或者与他人同居；

(二)实施家庭暴力或者虐待、遗弃家庭成员;

(三)有赌博、吸毒等恶习屡教不改;

(四)因感情不和分居满二年;

(五)其他导致夫妻感情破裂的情形。

一方被宣告失踪,另一方提起离婚诉讼的,应当准予离婚。

经人民法院判决不准离婚后,双方又分居满一年,一方再次提起离婚诉讼的,应当准予离婚。

第一千零八十四条　父母与子女间的关系,不因父母离婚而消除。离婚后,子女无论由父或者母直接抚养,仍是父母双方的子女。

离婚后,父母对于子女仍有抚养、教育、保护的权利和义务。

离婚后,不满两周岁的子女,以由母亲直接抚养为原则。已满两周岁的子女,父母双方对抚养问题协议不成的,由人民法院根据双方的具体情况,按照最有利于未成年子女的原则判决。子女已满八周岁的,应当尊重其真实意愿。

第一千零八十五条　离婚后,子女由一方直接抚养的,另一方应当负担部分或者全部抚养费。负担费用的多少和期限的长短,由双方协议;协议不成的,由人民法院判决。

前款规定的协议或者判决,不妨碍子女在必要时向父母任何一方提出超过协议或者判决原定数额的合理要求。

第一千零八十六条　离婚后,不直接抚养子女的父或者母,有探望子女的权利,另一方有协助的义务。

行使探望权利的方式、时间由当事人协议;协议不成的,由人民法院判决。

父或者母探望子女，不利于子女身心健康的，由人民法院依法中止探望；中止的事由消失后，应当恢复探望。

第一千零九十条　离婚时，如果一方生活困难，有负担能力的另一方应当给予适当帮助。具体办法由双方协议；协议不成的，由人民法院判决。

第一千零九十一条　有下列情形之一，导致离婚的，无过错方有权请求损害赔偿：

(一)重婚；

(二)与他人同居；

(三)实施家庭暴力；

(四)虐待、遗弃家庭成员；

(五)有其他重大过错。

——《中华人民共和国反家庭暴力法》

第三条　家庭成员之间应当互相帮助，互相关爱，和睦相处，履行家庭义务。

反家庭暴力是国家、社会和每个家庭的共同责任。

国家禁止任何形式的家庭暴力。

第十三条　家庭暴力受害人及其法定代理人、近亲属可以向加害人或者受害人所在单位、居民委员会、村民委员会、妇女联合会等单位投诉、反映或者求助。有关单位接到家庭暴力投诉、反映或者求助后，应当给予帮助、处理。

家庭暴力受害人及其法定代理人、近亲属也可以向公安机关报案或者依法向人民法院起诉。

单位、个人发现正在发生的家庭暴力行为，有权及时劝阻。

第二十三条　当事人因遭受家庭暴力或者面临家庭暴力的现实危险，向人民法院申请人身安全保护令的，人民法院应当受理。

当事人是无民事行为能力人、限制民事行为能力人，或者因受到强制、威吓等原因无法申请人身安全保护令的，其近亲属、公安机关、妇女联合会、居民委员会、村民委员会、救助管理机构可以代为申请。

第二十五条　人身安全保护令案件由申请人或者被申请人居住地、家庭暴力发生地的基层人民法院管辖。

第二十六条　人身安全保护令由人民法院以裁定形式作出。

第二十七条　作出人身安全保护令，应当具备下列条件：

(一)有明确的被申请人；

(二)有具体的请求；

(三)有遭受家庭暴力或者面临家庭暴力现实危险的情形。

——《中华人民共和国未成年人保护法》

第一百零八条　未成年人的父母或者其他监护人不依法履行监护职责或者严重侵犯被监护的未成年人合法权益的，人民法院可以根据有关人员或者单位的申请，依法作出人身安全保护令或者撤销监护人资格。

被撤销监护人资格的父母或者其他监护人应当依法继续承担抚养费用。

正确区分家庭暴力和家庭正常教育

孩子是父母的心头肉，在进行一般教育体罚时，都只是为了让孩子清楚自己不该做某件事，认识到自己的错误，让孩子留下深刻的印象，避免下次再发生。一般教育体罚都是较轻的，不会在身体上留下太多的伤痕，也不会给孩子留下心理阴影。这些行为虽然可能是一种不正确的教育方式，但是在一般情况下不宜将其认定为不法行为。而家暴往往是为了发泄自己的情绪而殴打孩子、施加暴力的行为，是经常性的，通常也是无理由的，也会给孩子造成不小的心理影响。家暴行为是违法的行为，是应当禁止并对实施者予以处罚的。

如果发现自己正在被家暴千万不要慌张，当孩子被不负责任的父母、家长虐待、侵害时，要及时寻求身边可靠的成年人的帮助。一般可以找警察、社区居委会或村委会成员、国家机构如民政局或者法院等单位的工作人员等，并告知其自己的境况，希望有关单位可以给予自己社会帮助。如果被家人威胁也不要害怕，要找准时机，及时向可靠的机构或者人员寻求帮助，相信自己一定能“逃出虎穴”并被合法善待。

学校保护篇

学校是教育未成年人健康成长的重要机构，承担着促进未成年学生全面发展的重要职责。近来，校园安全和学生欺凌问题频发，学校作为密切接触未成年人的单位，在其中发生的性侵、虐待未成年人问题更加引发公众关注。学校对基础设施负有的安全保障义务，对学生人身、财产的保护职责，对校园欺凌的防控与处置措施、密切接触未成年人行业的从业查询及禁止制度的适用等都将为未成年人的健康成长保驾护航。学校保护篇将结合典型案例，对学校对未成年学生的教育和保护职责，校园中常见的民事侵权和犯罪行为进行详细讲解。

校园安全事故谁负责?

小宇(化名)已满15周岁，于2013年9月被某职业学院招收至财会金融系会计电算化专业就读。2013年10月29日下午5时许，小宇回到住宿因未带钥匙等待室友开门时，因觉得无聊，便顺着走廊来到宿舍尽头消防通道用的小阳台。走廊通往小阳台的门上贴有“禁止攀爬”字样。为了能吹到风，小宇直接跨过阳台一米左右高的水泥栏杆，脸和脚朝外地坐在水泥栏杆上。因头晕，小宇突然从水泥栏杆向外掉了下去，造成腰椎第三、四节骨折，双足跟骨骨折。

小宇在医院接受治疗43天，花去医疗费98029.9元，其中已报销2万元，职业学院垫付3500元，安装固定支架花费1600元。小宇的伤情经司法鉴定所鉴定为七级、九级两项伤残，鉴定费705元。小宇亲属多次与职业学院协商赔偿事项，双方因赔偿问题分歧较大，无法达成一致意见，职业学院除发动学校捐款7000元加垫付的3500元外，没有对小宇进行额外赔偿。

一审法院将民事责任划分为小宇承担40%、职业学院承担60%。二审法院将民事责任划分为职业学院承担20%的赔偿责任，小宇自行承担损失的80%。再审法院撤销了二审判决，维持了一审判决结果。①

校园作为未成年人活动的主要场域，可能会发生各种各样的安全事故。本案的校园安全事故案件涉及侵权责任纠纷，此案争议焦点是职业学院对小宇受伤是否有过错，是否应承担赔偿责任，以及如何划分责任。

事故发生时小宇系职业学院在校学生，且尚未成年，属限制民事行为能力人。根据法律规定，职业学院对小宇负有教育、管理、保护职责。职业学院应当建立安全管理制度，加强对未成年人安全教育，采取措施保障未成年人的人身安全。同时，按照2002年教育部《关于加强高等学校学生公寓安全管理的若干意见》的要求，学校应当保证校舍符合国家安全标准，进行定期检查、及时排除安全隐患，并对在校师生加强安全教育与宣传，抓好学生关于基本安全常识的普及教育，帮助学生了解和掌握一定的安全防范知识和技能，提高学生的安全意识和自我保护能力。

在本案中，学校在走廊通往阳台的门上贴有“禁止攀爬”的字样，但却未设置其他有效安全防护设施防止因学生攀爬进而引发安全事故。学校安全管理的疏漏与小宇损害后果的发生具有直接因果关系。职业学院作为管理者，未尽到对在校学生尤其是未成年学生的安全教育和管理责任。因此，在该案件中，职业学院对小宇损害后果的发生具有过错，应承担民事赔偿责任。

小宇事发时虽未成年，但已年满15周岁，应具有一般的生活常识及危险判断能力。小宇根据生活常识应当预见到爬上围栏可能发生危险，但因疏忽大意没有预见或者已经预见但轻信自己的能力

---

① 案例改编自湖南省高级人民法院〔2017〕湘民再133号民事判决书。

足以保证不会发生损害，其存在一定过错，需要承担相应责任。

因此，职业学院和小宇对损害后果的发生都有过错，应按照过错大小承担责任。一审法院与二审法院在责任划分方面存在不同意见，一审法院认为应由小宇承担40%的民事责任、职业学院承担60%的民事责任。而二审法院则认为职业学院应承担20%的民事赔偿责任，小宇自行承担损失的80%。安全事故责任比例的划分主要依据双方当事人的过错程度，双方均存在过错的情况下，人民法院需要结合案件具体情况判断。本案中，职业学院处于管理者地位，应当建立安全管理制度，保证校舍及其他设施的安全，保障在校学生的人身安全，因此，职业学院对损害结果应承担主要责任。

在该起案件中，小宇已满15周岁而未满18周岁，属于限制民事行为能力人，因在学校发生安全事故以及与学校产生的侵权责任纠纷，经协商不能解决，可以由其法定代理人代为提起民事诉讼，但是原告人仍是小宇。因为小宇虽然不具备完全民事行为能力，但却具有民事权利能力，其法定代理人可代为行使起诉权。根据《中华人民共和国民事诉讼法》(以下简称《民事诉讼法》)规定，因侵权行为提起的诉讼，由侵权行为地或者被告住所地人民法院管辖。本案中侵权行为地与被告住所地属于同一地，故而职业学院所在地法院对该案件有管辖权。我国的民事案件实行两审终审制，如果对一审判决不服，小宇还有上诉权。其法定代理人可以在判决书送达之后15日的上诉期内向上级法院提起上诉。每份判决书的尾部都会写明上诉期以及上诉法院名称。如果对已经发生法律效力的判决裁定，认为有错误的，还可以向上一级人民法院申请再审。再审程序又称民事审判监督程序，是纠正生效裁判错误的法定程序，而非案件审理的必经程序。人民法院通过审查申请再审人提交的再审申请书、对方当事人提交的书面意见、原审裁判文书和证据等材料，作出是否再审的裁定。

学校应依法保障学生在校期间的人身安全。当未成年人在学校因发生安全事故而遭受人身损害，并且就损害赔偿与学校发生争议无法调和时，应依照法律规定积极维护自身合法权益。同时，未成年人在校园活动时也要自觉遵守校园规章和安全守则。特别是在进行课外活动时，要注意人身安全。发现校园基础设施存在安全隐患时，应及时报告给相关管理人员，避免因发生事故带来不必要的人身损害。

法律小课堂

——《中华人民共和国未成年人保护法》

第三十五条　学校、幼儿园应当建立安全管理制度，对未成年人进行安全教育，完善安保设施、配备安保人员，保障未成年人在校、在园期间的人身和财产安全。

学校、幼儿园不得在危及未成年人人身安全、身心健康的校舍和其他设施、场所中进行教育教学活动。

学校、幼儿园安排未成年人参加文化娱乐、社会实践等集体活动，应当保护未成年人的身心健康，防止发生人身伤害事故。

第三十七条　学校、幼儿园应当根据需要，制定应对自然灾害、事故灾难、公共卫生事件等突发事件和意外伤害的预案，配备相应设施并定期进行必要的演练。

未成年人在校内、园内或者本校、本园组织的校外、园外活动中发生人身伤害事故的，学校、幼儿园应当立即救护，妥善处理，及时通知未成年人的父母或者其他监护人，并向有关部门报告。

——《中华人民共和国民法典》

第十七条　十八周岁以上的自然人为成年人。不满十八周岁的自然人为未成年人。

第十八条　成年人为完全民事行为能力人，可以独立实施民事法律行为。十六周岁以上的未成年人，以自己的劳动收入为主要生活来源的，视为完全民事行为能力人。

第十九条　八周岁以上的未成年人为限制民事行为能力人，实施民事法律行为由其法定代理人代理或者经其法定代理人同意、追认；但是可以独立实施纯获利益的民事法律行为或者与其年龄、智力相适应的民事法律行为。

第一千二百条　限制民事行为能力人在学校或者其他教育机构学习、生活期间受到人身损害，学校或者其他教育机构未尽到教育、管理职责的，应当承担侵权责任。

第一千二百零一条　无民事行为能力人或者限制民事行为能力人在幼儿园、学校或者其他教育机构学习、生活期间，受到幼儿园、学校或者其他教育机构以外的第三人人身损害的，由第三人承担侵权责任；幼儿园、学校或者其他教育机构未尽到管理职责的，承担相应的补充责任。幼儿园、学校或者其他教育机构承担补充责任后，可以向第三人追偿。

——2003 年《最高人民法院关于审理人身损害赔偿案件适用法律若干问题的解释》

第七条　对未成年人依法负有教育、管理、保护义务的学校、幼儿园或者其他教育机构，未尽职责范围内的相关义务致使未成年人遭受人身损害，或者未成年人致他人人身损害的，应当承担与其过错相应的赔偿责任。

第三人侵权致未成年人遭受人身损害的，应当承担赔偿责任。学校、幼儿园等教育机构有过错的，应当承担相应的补充赔偿责任。

——《中华人民共和国民事诉讼法》

第二十八条　因侵权行为提起的诉讼，由侵权行为地或者被告住所地人民法院管辖。

第一百六十四条　当事人不服地方人民法院第一审判决的，有权在判决书送达之日起十五日内向上一级人民法院提起上诉。当事人不服地方人民法院第一审裁定的，有权在裁定书送达之日起十日内向上一级人民法院提起上诉。

第一百九十九条　当事人对已经发生法律效力的判决、裁定，认为有错误的，可以向上一级人民法院申请再审；当事人一方人数众多或者当事人双方为公民的案件，也可以向原审人民法院申请再审。当事人申请再审的，不停止判决、裁定的执行。

学校应如何加强基础设施安全管理？

校园基础设施存在的安全隐患是导致学生人身伤害的重要原因，尤其是在集体住宿情况下，学校安全管理工作难度加大，学校的不同部门及工作人员应当有序分工、协调一致、相互配合，建立合理的安全管理及应急机制。

1. 学校负责人：重视学校基础设施安全工作，加强管理观念的前瞻性与预见性，坚持以预防为主，建立起长效的安全防范机制。

2. 后勤或物业管理部门：定期检修基础设施，及时排除安全隐患，做好安全防护工作，对老化的电线、电缆等设施及时更换。设立必要的安全警示标志，完善预警监视系统。

3. 教学工作者：指导和督促学生遵守校规校纪，加强安全宣传教育，及时向学校和管理部门反映学生的意见、要求。

校园安全事故中保险公司赔多少？

2016年2月23日上午，滕某在课间与同学陶某玩耍时不慎被撞倒致其左胫腓骨干骨折，花费医疗费16865.15元。经司法鉴定伤残等级为十级，后续治疗费为12000元。经查明，学校在保险公司投保了2015年9月1日至2016年8月31日校(园)方责任保险。同时，滕某系农业户口，但其从2013年9月起在本市市区内随其姐姐居住至今。事后，滕某父母以学校与保险公司作为被告提起诉讼。

法院判决被告保险公司在保险范围内承担80%的赔偿责任，包括医疗费、护理费、营养费、伤残赔偿金、后续治疗费、交通费共计66020.12元；被告学校赔偿原告滕某精神抚慰金4000元并承担案件的受理费和鉴定费。①

本案属于校园中常见的学生人身损害案件。未成年人活泼好动，在学校生活中难免会发生意

① 案例改编自江西省南昌市新建区人民法院〔2016〕赣0112民初697号民事判决书。

外安全事故，学校对在校学生负有教育、管理、保护义务。由于校园事故的多发性和复杂性，学校安全管理工作十分艰巨。基于分散风险的需要，学校往往会在保险公司购买相应保险，但事故发生后，学生、学校、保险公司之间关于赔偿责任极易产生争议。争议涉及的关键问题主要包括三个方面：一是学生遭受人身损害的原因；二是学生与学校的过错划分；三是保险公司承担的保险责任范围。

公民的健康权受法律保护，公民、法人因过错侵犯他人权益，应当依法承担赔偿责任。本案中，滕某受伤是由陶某不慎造成的，陶某存在一定过错，法院酌定其承担20%的赔偿责任，但滕某父母在代滕某提起诉讼中并未将陶某作为共同被告，属于对自己民事权利的处分。学校作为教育管理机构，有责任对其学生在校期间进行教育管理，该事故发生在课间休息期间，发生在教室内，应认定是教学过程中，所以学校应对原告滕某损伤承担民事赔偿责任，法院酌定学校承担80%的赔偿责任。但由于被告学校在保险公司投保了校(园)方责任险，且该事故发生在保险期限内，保险公司作为保险人，应在保险范围内对滕某的损失进行赔付。

滕某系农业户口，但其从2013年9月开始在市区内随其姐姐居住至今。我国在人身损害赔偿案件中根据被害人的户籍采取农村、城镇的不同赔偿标准。根据相关司法解释，原告滕某在城镇居住满1年以上，伤残等级赔偿标准应当按城镇标准计算。赔偿范围包括受害人遭受的人身损害、就医治疗支出的各项费用以及因误工减少的收入，包括医疗费、误工费、护理费、交通费、住宿费、住院伙食补助费、必要的营养费。保险公司作为本案的赔偿义务人应根据保险合同承保范围予以赔偿。

以上案件中保险公司赔偿数额的影响因素主要包括两个方面，一是保险合同中约定的保险金额，二是保险事项范围内的人身损害程度。保险金额是指一个保险合同项下保险公司承担赔偿或给付保险金责任的最高限额，同时也是保险公司收取保险费的计算基础。在人身保险中，保险金按照伤残等级按比例给付，因此伤残等级鉴定结果至关重要。当学生在校园发生安全事故，校方或学生一方进行了投保，可以直接向保险公司索赔并提供相应的证明材料，同时应当注意不同险种的索赔时效，为了避免事后证明的困难，可以在出险后就立即通知保险公司，提出理赔申请。

保险作为风险防控的重要手段，其有利于防范化解各类校园安全事故责任风险。保险合同的订立应当遵循自愿原则，学校不得强制学生购买保险，或向学生指定购买或直接推销保险产品。校(园)方责任保险作为损害发生后的救济手段固然具有填补损害的功能，但也有其局限性。保险公司的责任范围取决于保险合同的约定，保险合同的格式条款中通常有减轻或免除保险义务的内容。保险人对保险合同中所约定的免责条款，负有提示说明义务。因此，学校或学生作为投保人时，应注意保险合同中有关格式条款的规定，明确其内容及法律后果，避免在保险事故发生后因合同内容引发争议。同时，学校应加强对在校学生的安全教育，防患于未然。家长也可以适当为孩子投保人身意外伤害保险或者医疗保险等。

法律小课堂

——《中华人民共和国保险法》

第二十一条　投保人、被保险人或者受益人知道保险事故发生后，应当及时通知保险人。故意或者因重大过失未及时通知，致使保险事故的性质、原因、损失程度等难以确定的，保险人对无法确定的部分，不承担赔偿或者给付保险金的责任，但保险人通过其他途径已经及时知道或者应当及时知道保险事故发生的除外。

第二十三条　保险人收到被保险人或者受益人的赔偿或者给付保险金的请求后，应当及时作出核定；情形复杂的，应当在三十日内作出核定，但合同另有约定的除外。保险人应当将核定结果通知被保险人或者受益人；对属于保险责任的，在与被保险人或者受益人达成赔偿或者给付保险金的协议后十日内，履行赔偿或者给付保险金义务。保险合同对赔偿或者给付保险金的期限有约定的，保险人应当按照约定履行赔偿或者给付保险金义务。

保险人未及时履行前款规定义务的，除支付保险金外，应当赔偿被保险人或者受益人因此受到的损失。

任何单位和个人不得非法干预保险人履行赔偿或者给付保险金的义务，也不得限制被保险人或者受益人取得保险金的权利。

——2003年《最高人民法院关于审理人身损害赔偿案件适用法律若干问题的解释》

第二十五条　残疾赔偿金根据受害人丧失劳动能力程度或者伤残等级，按照受诉法院所在地上一年度城镇居民人均可支配收入或者农村居民人均纯收入标准，自定残之日起按二十年计算。但六十周岁以上的，年龄每增加一岁减少一年；七十五周岁以上的，按五年计算。

——《中华人民共和国未成年人保护法》

第三十八条　学校、幼儿园不得安排未成年人参加商业性活动，不得向未成年人及其父母或者其他监护人推销或者要求其购买指定的商品和服务。

学校、幼儿园不得与校外培训机构合作为未成年人提供有偿课程辅导。

怎样斩断“校园黑手”?

【案例一】2018 年 5 月 10 日凌晨 0 时许，17 周岁的余羽(化名)伙同张某(未满 16 周岁)、李某(未满 16 周岁)驾驶摩托车来到某所学校，通过攀爬东侧围墙进入校园，从窗户钻进教学楼内盗窃。在教学楼和教师办公室抽屉内盗得学生及老师存放的手机 24 部及 200 余元现金和蓝牙音响、手机充电器、耳机等物品。盗得财物后，三人逃离现场来到公园分赃。经价格认证中心鉴定，被盗 24 部手机价值为 14091 元。

法院认为，余羽以非法占有为目的，秘密窃取他人财物，数额较大，其行为已构成盗窃罪，公诉机关指控罪名成立。但考虑到余羽作案时未满 18 周岁，系未成年人，依法从轻处罚；其归案后如实供述了自己的罪行，且当庭自愿认罪，具有坦白情节，依法可从轻处罚。最终法院对余羽判处有期徒刑八个月，并处罚金人民币 2000 元，并责令被告人余羽退赔各被害人经济损失共计人民币 14364 元。①

---

① 案例改编自江西省瑞金市人民法院〔2018〕赣 0781 刑初 297 号刑事判决书。

【案例二】杨某(17周岁)、徐某(17周岁)、陈某(17周岁)和杜某(18周岁)均为在校高二学生，平时四人经常逃课去网吧打游戏。2016年11月24日，因缺钱四人经谋划，瞄准了两名高一学生，将他们引入校园偏僻的角落使用暴力迫使这两名学生交出手机，并威胁两人不要将此事宣扬出去，否则他们将会实施报复行为，然后再将手机转售获取不法利益。杨某、徐某、陈某是首次和杜某实施抢劫行为，而杜某在此之前已多次在校内和学校附近实施抢劫行为。①

最终，杨某、徐某、陈某被判处有期徒刑六个月，缓刑一年。杜某被判处有期徒刑十八个月。

一、 盗窃罪的法律责任

盗窃罪是指以非法占有为目的，窃取数额较大的公私财物，或者多次盗窃、入户盗窃、携带凶器盗窃、扒窃公私财物的行为。已满16周岁的行为人实施盗窃行为，可能涉嫌盗窃罪。

“窃取”，是指排除他人对公私财物的占有，转归自己或第三者占有。

“数额较大”通常是指窃取的财物价值达人民币1000元至3000元以上的，各省、自治区、直辖市标准不同。

“多次盗窃”，是指两年内盗窃三次以上。

“入户盗窃”，是指行为人以实施盗窃或其他非法目的进入户内实施盗窃行为，如果行为人是以正当目的进入户内(如因受主人邀请进入家中)，临时起意而实施盗窃行为，则不以“入户盗窃”论

---

① 案例改编自《系列校园抢劫案团伙落网》，载搜狐网：https：//www.sohu.com/a/126485111_395245，2020年4月26日访问。

处。学校的集体宿舍、旅店宾馆、临时搭建的工棚不属于“户”，因为这些场所虽具备与外界相对隔离的特征，却缺乏功能特征。

“携带凶器”是指携带枪支、爆炸物、管制刀具等国家禁止个人携带的器械或者为了实施犯罪而携带的其他器械。

“扒窃”是指在公共场所或公共交通工具上实施窃取财物的行为。

在司法实践中，被盗财产数额的大小是衡量盗窃行为社会危害程度的主要标准。被盗财物如果有有效价格证明的，根据有效价格认定；如果没有有效价格证明的，则需要委托估价机构进行评估。

案例一中，余羽和张某、李某翻入学校，进入教学楼实施了盗窃行为，“教学楼”并不属于刑法意义上的“户”，所以余某等人的行为并不构成“入户盗窃”的情形。根据价格认证中心的鉴定，被盗手机价值为 14091 元，已经达到了盗窃罪的数额标准。余羽、张某、李某属于共同犯罪。但是因张某、李某未达法定刑事责任年龄，不承担刑事责任。余羽已满 17 周岁，应承担刑事责任，但依照《刑法》规定应当从轻或者减轻处罚。

法院在对余羽判处有期徒刑的同时，附加判处了罚金刑。余羽等人的盗窃金额属于“数额较大”情形，法院可以并处或单处罚金。人民法院判处罚金需要根据具体的犯罪情节，考虑犯罪分子违法所得数额、造成损失的大小以及罚金缴纳能力。《刑法》没有明确规定盗窃罪的罚金数额标准，但根据司法解释的规定，罚金最低数额不能少于 1000 元，对未成年人判处罚金最低不能少于 500 元。

二、 抢劫罪的法律责任

抢劫罪是指以非法占有为目的，以暴力、胁迫或其他方法劫取公私财物的行为，已满 14 周岁的未成年人实施抢劫行为依法应承担刑事责任。

案例二属于在校园内发生的抢劫案件，杨某、徐某、陈某和杜某已达法定刑事责任年龄，且四人以非法占有为目的采取暴力手段抢劫他人财物，其行为已构成抢劫罪。被告人杨某、徐某、陈某系已满 14 周岁未满 18 周岁的未成年人，结合他们初犯、偶犯、认罪悔罪的情形，依法应当减轻处罚，且三名被告人均具备帮教条件，符合判处缓刑的条件。杜某已满 18 周岁，应对自己实施的犯罪行为承担刑事责任，不适用有关未成年人犯罪从轻或减轻的处罚规定。

从抢劫的数额来看，杨某、徐某、陈某和杜某抢劫的手机价值为 4000 余元，但与其他财产类犯罪不同，抢劫罪的成立并不要求数额，只要四人实施了抢劫行为，即使没有抢到钱或只抢到数额极低的财物，也成立犯罪。数额不影响抢劫罪的定罪，不会影响量刑。

从本案案情来看，杜某实施了多次抢劫行为，具备法律规定的“多次抢劫”法定加重处罚情节。多次抢劫，是指在一定时期内抢劫三次以上。抢劫惯犯在一定时间内多次犯罪，既表明其主观恶性大，也对社会治安秩序造成了持续的严重威胁。有时尽管违法者实际抢到的财物数额不大，但严重影响社会稳定，杜某实施的多次抢劫行为符合法律规定的加重处罚情形。“多次”作为法定的加重情形之一，刑期起点为十年以上有期徒刑。

三、 学校对财产犯罪的预防义务

上述两则案例都涉及财产犯罪，校园盗窃案件不仅造成了师生财物及公共财物的损失，也影响了正常的教学秩序。现实中校园失窃事件多发，但一般情况下物品价值较小，没有作为犯罪处理。与盗窃不同，在校园发生的抢劫会对学生的人身安全构成威胁，学校对学生的人身和财产负有安全保障义务，需要采取措施防止此类违法犯罪行为的发生。

首先，学校要加强安全法制教育，提高学生关于犯罪行为的认知和应对能力，鼓励学生自我管理、相互监督。预防校园财产犯罪每个人都需要从自身做起，每个人应形成良好的品德习惯，做守法公民。大众也要增强财产的所有权意识，不要随意拿取他人物品，加强防范意识，妥善保管自己的贵重物品。另外，盗窃、抢劫案件具有偶发性与随机性，校园监管难以面面俱到，因此，提倡学生积极检举揭发或提供相应线索对处理案件具有积极意义。

其次，学校要加强治安管理，建立严密的防控体系，合理布置监控设备，尤其是校园中的偏僻角落，保障良好的照明条件，加大校园巡查力度，不仅包括校园内的巡查，还应当加大对学校周边附近的巡查。安排集体住宿的学校，应当建立 24 小时值班制度，及时应对校园内突发的紧急状况。同时，学校应当充分发挥安保人员的作用，门卫、宿管、警卫层层筛选审查流动人员，严格审查出入人员，避免社会闲杂人员的流入。同时学校要增强应对财产类违法犯罪事件的灵敏度，一旦发生盗窃、抢劫案件，保证能够利用现有监控系统，准确及时锁定嫌疑人。

法律小课堂

——《中华人民共和国刑法》

第二百六十三条【抢劫罪】 以暴力、胁迫或者其他方法抢劫公私财物的，处三年以上十年以下有期徒刑，并处罚金；有下列情形之一的，处十年以上有期徒刑、无期徒刑或者死刑，并处罚金或者没收财产：（一）入户抢劫的；（二）在公共交通工具上抢劫的；(三)抢劫银行或者其他金融机构的；(四)多次抢劫或者抢劫数额巨大的；(五)抢劫致人重伤、死亡；(六)冒充军警人员抢劫的；(七)持枪抢劫的；(八)抢劫军用物资或者抢险、救灾、救济物资的。

第二百六十四条【盗窃罪】 盗窃公私财物，数额较大的，或者多次盗窃、入户盗窃、携带凶器盗窃、扒窃的，处三年以下有期徒刑、拘役或者管制，并处或者单处罚金；数额巨大或者有其他严重情节的，处三年以上十年以下有期徒刑，并处罚金；数额特别巨大或者有其他特别严重情节的，处十年以上有期徒刑或者无期徒刑，并处罚金或者没收财产。

第二百六十五条【盗窃罪】 以牟利为目的，盗接他人通信线路、复制他人电信码号或者明知是盗接、复制的电信设备、设施而使用的，依照本法第二百六十四条的规定定罪处罚。

第二百六十九条【转化的抢劫罪】 犯盗窃、诈骗、抢夺罪，为窝藏赃物、抗拒抓捕或者毁灭罪证而当场使用暴力或者以暴力相威胁的，依照本法第二百六十三条的规定定罪处罚。

——2000年《最高人民法院关于适用财产刑若干问题的规定》

第二条 人民法院应当根据犯罪情节，如违法所得数额、造成损失的大小等，并综合考虑犯罪分子缴纳罚金的能力，依法判处罚金。刑法没有明确规定罚金数额标准的，罚金的最低数额不能少于一千元。

对未成年人犯罪应当从轻或者减轻判处罚金，但罚金的最低数额不能少于五百元。

(一)如何增强防盗意识？

盗窃案件多发场合包括：一是人流量大的地方，比如，用餐高峰期的食堂、图书馆、自习室等；二是人少的场合，比如，课间或放学后的教室、空旷的宿舍等。同时盗窃行为具有一定的随机性，作案的犯罪分子可能并没有事先确定的目标，而是利用偶然形成的场合和时机窃取财物。

增强防盗意识要从小事着手：

1. 出门前仔细检查是否锁好门窗。

2. 乘坐公共交通工具时保管好随身财物，尤其是人多拥挤时要提高警惕。虽然公共产通工具上装有监控，但扒窃者多会采用隐蔽的手法避开监控，事后想要追回失窃财物十分困难。

3. 要妥善保管贵重物品，不随意乱放。

(二)遇到抢劫该怎么办？

首先保证自己的人身安全。要保持冷静，尽量配合“劫匪”交出财物，尤其是在行为人携带凶器的情况下。通常“劫匪”的目的是“求财”而非“伤人”，但如果“劫匪”觉得自己已经被认出来，或者在剧烈的肢体冲突中没有控制好力度，场面往往就不可控制了。未成年人在没有把握能够“反抗”或“逃跑”的情况下，没有必要用言语去激怒行为人或与其发生肢体冲突。同时要注意观察周围环境，如果是在较为偏僻的地方，不确定周围是否有人，就不要盲目呼救。因为这样可能会引起“劫匪”的紧张情绪，进而使其实施人身伤害行为。

在条件允许的情况下保留证据材料。未成年人可以仔细观察犯罪嫌疑人的相貌、衣着、口音、走路姿态、生理特征(例如：痣、胎记)等特征，以及犯罪嫌疑人进入和离开现场的方向，这有利于事后提供线索，帮助查找犯罪嫌疑人。

被抢后无论损失多少，都要及时向学校求助，并报警。未成年人确定安全后应及时报警，向公安机关说明情况，并向学校报告。因为校园抢劫往往是惯犯，这样可以团结其他被害学生，一并提供线索，帮助查找犯罪嫌疑人。

如何让学生不做沉默的羔羊？

2018年3月21日晚21时许，经常流窜在学校网吧附近的社会青年阿强(化名)伙同在校生小田(化名)等人在县实验中学门口无故用锤子敲打下晚自习回家的学生小林(化名)，造成其头部受伤，经县公安局物证鉴定室鉴定，小林的伤情为轻伤一级。另查明，2018年3月期间，阿强伙同小田等人在县儿童公园路段、桥头、红绿灯路口、校园门口多次无故殴打在校学未成年学生，先后导致五名在校生受到不同程度的伤害，但遭受轻微伤害的学生并未将此情况告诉家长和老师。在共同犯罪中被告人阿强已年满16周岁，小田等人未满16周岁，后阿强被提起公诉，被抓获归案后如实供述了自己的罪行。

法院经审理认为，阿强无视国家法纪和社会公德，随意殴打他人，致1人轻伤，1人轻微伤，情节恶劣，其行为已构成寻衅滋事罪。且被告人多次殴打在校未成年学生，酌情从重处罚；犯罪时已满16周岁未满18周岁，依法从轻处罚；到案后能如实供述自己的罪行，属坦白，依法从轻处罚。依照《刑法》有关规定判决被告人阿强犯寻衅滋事罪，判处有期徒刑一年三个月。①

校园欺凌不一定都发生在校园内，实施欺凌的人也不一定是学生。本案发生在小林等人的放学途中，由校外人员阿强利用器具实施伤害行为，也属于校园欺凌。令人遗憾的是，本案被害人小林遇到校园欺凌时，选择了隐忍和退让，没有向学校的管理人员和教师等求助，但结果并没有换取施暴者行为的终止，反而使他们在不断的挑衅与滋事中获得快感，从而变本加厉。

未成年人对校园欺凌保持沉默的原因是多方面的。其一是恐惧心理，未成年人害怕自己检举揭发后遭到施暴者报复，成为重点打击对象。其二，自尊心的膨胀，未成年人期待朋友圈认可自己能力，耻于检举揭发行为带来的弱者形象。其三，纯粹的宽容忍让，学生认为只要不与施暴者纠缠，他们就会放弃挑衅与攻击。对上述原因进行分析会发现，学生对校园欺凌保持沉默弊远大于利。

学校应当建立学生欺凌防控制度，对教职员工和学生开展防治学生欺凌的培训和教育。否则学生遭受校园暴力后保持沉默，反而间接地给阿强等人制造了更多侵害他人的机会。首先是要加强安全法制宣传，集中对学生开展以校园欺凌治理为主题的专题教育，从源头预防校园欺凌事件的发生。其次，要明确责任人，并将求助方式予以公示，加强人员配备与设施建设，如加大校园及附近的巡查力度、合理布置监控摄像头、对损坏的监控设施及时更换、设立报警亭等，以便学生在遭受校园欺凌时能够及时有效地获得救济。另外，可以依托互联网信息技术，构建未成年人权益保护监督信息平台，推广青少年维权热线，及时搜集反馈校园欺凌信息，第一时间

① 案例改编自《官某某寻衅滋事案案》，载 OpenLaw 裁判文书网：http://openlaw.cn/guidance/1508d726df668c2bf79bbb0640ff4f10，2020 年 4 月 8 日访问。

掌握校园欺凌线索，为学生提供最方便快捷的救济通道。

最关键的是，学校对于学生欺凌行为应当及时制止和处理。在日常的教学活动或校园巡查过程中，相关负责人要及时发现校园欺凌的苗头，对已经发生的欺凌事件应当及时调查处理，严肃处理实施欺凌的学生，并将校园欺凌行为与一般违反学校纪律的行为区分开来。其中涉嫌犯罪的，应当及时向公安部门报案并配合调查。同时，要做好被欺凌学生的心理疏导工作，注意学生的情绪波动问题，必要时由专业医师对其进行心理诊疗。

校园欺凌事件的处理要坚持双向保护原则。将关心救助未成年被害人与教育挽救未成年犯罪嫌疑人并重，工作重心在于校园关系的修复以及平安校园的建设。江苏省某起校园欺凌案件的处理方式，充分体现了对未成年犯罪嫌疑人与未成年被害人的双向保护。在该起案件中，张某和秦某均为某职业学院的同学，2016 年 9 月至 2017 年 3 月间，张某先后在该校宿舍、操场等场所语言恐吓或以棍棒敲击、拳打脚踢等方式殴打秦某，向其强拿硬要财物累计人民币 1100 元，检察机关在办理该起案件中通过走访调查，了解被害人身心受损情况，帮助其逐步消除心理阴影，唤醒维权意识。细致审查张某的社会调查报告，通过与张某父母签订监管责任书方式，督促其履行教育职责。此外，检察机关还通过教育使张某认识到自己行为的错误，并向秦某真诚道歉，二人在检察机关组织下共同参加公益活动，逐步恢复和增进了同学友情。最终，综合张某认罪悔罪、秦某谅解等因素，检察机关依法作出附条件不起诉决定，并在考验期内，由承办人、学校教师组成帮教小组，跟进巩固帮教成果。①

---

① 参见《江苏省检察机关防治校园欺凌典型案事例》，载江苏检察网：http：//www.jsjc.gov.cn/yaowen/201805/t20180530_439168.shtml，2020 年 4 月 26 日访问。

因此，对校园欺凌的预防与处理需学生、家庭、学校、司法机关多方联动和相互配合。一方面，对校园欺凌要保持“零容忍”态度，依法公正处理校园欺凌事件，维护受害者的合法权益；另一方面，要根据案件的不同情况制定个性化帮教方案，了解未成年人的成长经历、家庭监护条件、实施欺凌行为的原因，从而推动涉罪未成年人回归校园、回归社会。

法律小课堂

——《中华人民共和国刑法》

第十七条【刑事责任年龄】

已满十六周岁的人犯罪，应当负刑事责任。

已满十四周岁不满十六周岁的人，犯故意杀人、故意伤害致人重伤或者死亡、强奸、抢劫、贩卖毒品、放火、爆炸、投放危险物质罪的，应当负刑事责任。

已满十二周岁不满十四周岁的人，犯故意杀人、故意伤害罪，致人死亡或者以特别残忍手段致人重伤造成严重残疾，情节恶劣，经最高人民检察院核准追诉的，应当负刑事责任。

对依照前三款规定追究刑事责任的不满十八周岁的人，应当从轻或者减轻处罚。

因不满十六周岁不予刑事处罚的，责令其父母或者其他监护人加以管教；在必要的时候，依法进行专门矫治教育。

第二百九十三条【寻衅滋事罪】 有下列寻衅滋事行为之一，破坏社会秩序的，处五年以下有期徒刑、拘役或者管制：(一)随意殴打他人，情节恶劣的；(二)追逐、拦截、辱骂、恐吓他人，情节恶劣的；(三)强拿硬要或者任意损毁、占用公私财物，情节严重的；(四)在公共场所起哄闹事，造成公共场所秩序严重混乱的。

纠集他人多次实施前款行为，严重破坏社会秩序的，处五年以上十年以下有期徒刑，可以并处罚金。

第二百九十三条之一　有下列情形之一，催收高利放贷等产生的非法债务，情节严重的，处三年以下有期徒刑、拘役或者管制，并处或者单处罚金：

(一)使用暴力、胁迫方法的；

(二)限制他人人身自由或者侵入他人住宅的；

(三)恐吓、跟踪、骚扰他人的。

——《中华人民共和国未成年人保护法》

第三十九条　学校应当建立学生欺凌防控工作制度，对教职员工、学生等开展防治学生欺凌的教育和培训。

学校对学生欺凌行为应当及时制止，通知实施欺凌和被欺凌未成年学生的父母或者其他监护人参与欺凌行为的认定和处理；对相关未成年学生及时给予心理辅导、教育和引导；对相关未成年学生的父母或者其他监护人给予必要的家庭教育指导。

对实施欺凌的未成年学生，学校应当根据欺凌行为的性质和程度，依法加强管教。对严重的欺凌行为，学校、幼儿园不得隐瞒，应当及时向公安机关、教育行政部门报告，并配合相关部门依法处理。

如何应对校园欺凌？

1. 学生：尽量避免正面冲突，事后及时向父母、老师反映情况。

2. 家长：多与孩子沟通交流，鼓励孩子对校园欺凌勇敢说“不”。

3. 学校：加强安全法制教育，严肃处理校园欺凌行为。

4. 司法机关：坚持双向保护原则，为建设平安校园保驾护航。

如何防止校园性侵犯？

【案例一】伍某某为某县中学教师，2017年9月伍某某到某镇小学支教，在2017年11月至2018年4月期间，以辅导功课以及恋爱为名，多次将年仅10周岁且不是其任教班级的小学生叫到其居住的教师宿舍内，多次猥亵被害人，多次与被害人发生性关系。法院认为，被告人伍某某构成强奸罪和猥亵儿童罪，数罪并罚，决定执行有期徒刑十二年六个月，并禁止被告人伍某某自刑罚执行完毕之日或者假释之日起从事教师职业三年。①

【案例二】2015年5月21日凌晨，被告人李某某爬门进入某县中学校园内，将初一学生王某某(2002年2月5日出生)叫出宿舍，在学校东北角女厕所内强行亲吻王某某并摸其胸部及阴部，后又强行将王某某抱至女厕所旁边的南北胡同处采取同样的方式对其进行猥亵。法院认为，李某某构成猥亵儿童罪，判处有期徒刑一年六个月。②

---

① 案例改编自广东省湛江市中级人民法院〔2019〕粤08刑终169号刑事裁定书。

② 案例改编自山东省菏泽市中级人民法院〔2015〕菏少刑终字第68号刑事裁定书。

相较一般的性侵犯罪，校园发生的性侵未成年人犯罪具有更大的社会危害性。实施犯罪的行为人多与未成年人具有密切的接触机会，被害人年龄较小，在性知识和性教育欠缺的情况下无法保护自己。

我国刑法规定的侵犯性权利的犯罪包括强奸罪，强制猥亵、侮辱罪和猥亵儿童罪。强奸罪，是指违背妇女的意志，以暴力、胁迫或者其他手段强行与妇女发生性关系的行为。奸淫明知是不满 14 周岁的幼女，无论幼女同意与否，都构成强奸罪，并且从重处罚。这是考虑到幼女没有足够的能力对性交行为作出正确判断，决定是否“同意”，因此即使该幼女实际上“同意”与他人性交，该“同意”也不被法律所承认。强制猥亵、侮辱罪是指出于寻求性满足或性刺激的动机，使用性交以外的方法实施的性侵犯。这里的“侮辱”与侵犯人格尊严的“侮辱罪”存在区别，侮辱罪是以损害他人名誉、人格尊严为目的，以暴力或其他方法公然侮辱他人的行为。而猥亵儿童罪则是指针对儿童，即不满 14 周岁的男童或女童实施猥亵行为。

就未成年人而言，三个罪名的区分在于，如果与不满 14 周岁的幼女性交，构成强奸罪；与不满 14 周岁的男童性交，构成猥亵儿童罪；猥亵不满 14 周岁的男童或女童，都构成猥亵儿童罪。由此可见，法律将 14 周岁是作为性的承诺能力的节点，但在司法实践中并没有对此一概而论。2013 年 10 月，最高法、最高检、公安部、司法部联合颁布的《关于依法惩治性侵害未成年人犯罪的意见》第 21 条规定：“对已满十四周岁的未成年女性负有特殊职责的人员，利用其优势地位或者被害人孤立无援的境地，迫使未成年被害人就范，而与其发生性关系的，以强奸罪定罪处罚。”在这里，“负有特殊职责的人员”是指对未成年人负有监护、教育、训练、救助、看护、医疗等特殊职责的人员。

案例一中伍某某利用教师身份接触未成年被害学生并实施性

侵，在该案中被害人年龄不满 14 周岁，不具备性交的同意能力。同时伍某某从事的教师行业属于密切接触未成年人的行业，人民法院对其判处一定期限的行业禁止，可以体现罪责刑相适应的原则。案例二中，校外人员对校内未成年学生实施猥亵行为，一方面可以反映出学校的安全管理存在漏洞，另一方面反映出学校、家庭和社会对未成年人性教育的缺失。

为防止校园性侵案件的发生，法律规定，学校、幼儿园应当加强对教职员工的教育和管理，预防对未成年学生实施性侵害等违法犯罪行为的发生。教职人员性侵事件被频频曝光，不仅影响了学校的声誉和正常的教学秩序，而且严重败坏了师德。学校应加强对教职员工的教育与管理，这有利于从源头防止校园性侵案件的发生。

同时，法律规定的密切接触未成年人行业的从业禁止制度也有利于遏制校园性侵案件的发生，强化校园“护苗”。密切接触未成年人的行业是指以未成年人为主要工作或服务对象，对未成年人负有监护、教育、训练、救助、看护、医疗等特殊职责的行业，包括教师、培训师、教练、医生等。上述行业的用人单位负有严格的审核义务，不仅在招聘时要向公安机关查询应聘者是否具有性侵害、虐待、暴力伤害等严重侵害未成年人的违法犯罪记录，而且还要定期进行核查，如果发现有前述行为记录的，不得录用或禁止其继续从业。

另外，学校也应当对未成年学生开展适合其年龄的性健康教育，提高未成年人防范性侵害的自我保护意识和能力。校园性侵案件中，被害人的年龄较低，性教育的缺失使得被害人容易保持沉默，不懂得如何求助。性教育可以针对不同的年龄予以开展，采用适合未成年人的方式，比如有趣的动画形式、生动的比喻等，让未成年人了解相关的性知识并懂得如何保护自己。

法律小课堂

——《中华人民共和国刑法》

第二百三十六条【强奸罪】 以暴力、胁迫或者其他手段强奸妇女的，处三年以上十年以下有期徒刑。

奸淫不满十四周岁的幼女的，以强奸论，从重处罚。

强奸妇女、奸淫幼女，有下列情形之一的，处十年以上有期徒刑、无期徒刑或者死刑：(一)强奸妇女、奸淫幼女情节恶劣的；(二)强奸妇女、奸淫幼女多人的；(三)在公共场所当众强奸妇女的；(四)二人以上轮奸的；(五)致使被害人重伤、死亡或者造成其他严重后果的。

第二百三十六条之一 对已满十四周岁不满十六周岁的未成年女性负有监护、收养、看护、教育、医疗等特殊职责的人员，与该未成年女性发生性关系的，处三年以下有期徒刑；情节恶劣的，处三年以上十年以下有期徒刑。

有前款行为，同时又构成本法第二百三十六条规定之罪的，依照处罚较重的规定定罪处罚。

第二百三十七条【强制猥亵、侮辱罪】 以暴力、胁迫或者其他方法强制猥亵他人或者侮辱妇女的，处五年以下有期徒刑或者拘役。

聚众或者在公共场所当众犯前款罪的，或者有其他恶劣情节的，处五年以上有期徒刑。

第二百三十七条第三款 猥亵儿童的，处五年以下有期徒刑；有下列情形之一的，处五年以上有期徒刑：

(一)猥亵儿童多人或者多次的；

(二)聚众猥亵儿童的，或者在公共场所当众猥亵儿童，情节恶劣的；

（三）造成儿童伤害或者其他严重后果的；

（四）猥亵手段恶劣或者有其他恶劣情节的。

——《中华人民共和国未成年人保护法》

第四十条　学校、幼儿园应当建立预防性侵害、性骚扰未成年人工作制度。对性侵害、性骚扰未成年人等违法犯罪行为，学校、幼儿园不得隐瞒，应当及时向公安机关、教育行政部门报告，并配合相关部门依法处理。

学校、幼儿园应当对未成年人开展适合其年龄的性教育，提高未成年人防范性侵害、性骚扰的自我保护意识和能力。对遭受性侵害、性骚扰的未成年人，学校、幼儿园应当及时采取相关的保护措施。

第六十二条　密切接触未成年人的单位招聘工作人员时，应当向公安机关、人民检察院查询应聘者是否具有性侵害、虐待、拐卖、暴力伤害等违法犯罪记录；发现其具有前述行为记录的，不得录用。

密切接触未成年人的单位应当每年定期对工作人员是否具有上述违法犯罪记录进行查询。通过查询或者其他方式发现其工作人员具有上述行为的，应当及时解聘。

——2013年《最高人民法院、最高人民检察院、公安部、司法部关于依法惩治性侵害未成年人犯罪的意见》

21. 对幼女负有特殊职责的人员与幼女发生性关系的，以强奸罪论处。

对已满十四周岁的未成年女性负有特殊职责的人员，利用其优势地位或者被害人孤立无援的境地，迫使未成年被害人就范，而与其发生性关系的，以强奸罪定罪处罚。

32. 未成年人在幼儿园、学校或者其他教育机构学习、生活期间被性侵害而造成人身损害，被害人及其法定代理人、近亲属据此向人民法院起诉要求上述单位承担赔偿责任的，人民法院依法予以支持。

——《中华人民共和国教师法》

第十四条　受到剥夺政治权利或者故意犯罪受到有期徒刑以上刑事处罚的，不能取得教师资格；已经取得教师资格的，丧失教师资格。

怎样避免学生成为犯罪人的“提线木偶”?

2013年11月上旬某日，洪某口头安排A中学在校学生甲、乙、丙、丁、戊(5人均未满16周岁)向A中学其他学生收取“保护费”。随后，甲、乙、丙、丁、戊五人于2013年11月17日，在A中学学校门口、食堂、教室、宿舍及街上向A中学在校学生20余人进行言语威胁，分别收取人民币5元至45元不等的“保护费”，共计200余元。当晚，被告人洪某收到甲、乙、丙等人交来的“保护费”后，分给甲、乙、丙等人每人13元，余下100余元供自己挥霍。案发后，被告人洪某外逃至G省务工。2013年12月14日，被告人洪某被公安机关抓获归案。

被告人洪某归案后，通过近亲属退赔了收取的“保护费”。法院认为，被告人洪某构成组织未成年人进行违反治安管理活动罪，判处有期徒刑六个月，并处罚金人民币2000元。①

---

① 案例改编自贵州省黔南布依族苗族自治州独山县人民法院〔2014〕独刑初字第106号刑事判决书。

一、 组织未成年人进行违反治安管理活动罪的特征

未成年人由于社会阅历不足并且对新鲜事物保持着好奇心，容易受到身边各种事物的影响，这种影响既包括良好的教育引导，也包括不良诱导与教唆。未成年人自我控制能力较低，易冲动、情绪化和喜欢冒险，当其受到不良教唆时，会从首次违反治安管理的行为中获得一种冒险的刺激感与新鲜感，尤其是受到组织者的“支持”与“鼓励”时，很容易走上违法犯罪道路。社会上有一些不法人员会利用未成年人的这些特点，组织未成年人进行违反治安管理的活动。未成年人在接受教唆进行违反治安管理的行为时，已然偏离了正常的生活轨道，同时会对其人格发展造成不利影响。我国《刑法》规定了组织未成年人进行违反治安管理活动罪，旨在防止未成年人受到不法人员的支配而沦为他们的犯罪工具。因此，帮助未成年人树立正确的价值观，增强辨别是非的能力至关重要。

组织未成年人进行违反治安管理活动罪是指组织未成年人进行盗窃、诈骗、抢夺、敲诈勒索等违反治安管理活动的行为。本案中洪某利用未成年人心智不够成熟的特点，通过利诱手段，组织未成年人对其他在校学生收取“保护费”，属于本罪的典型表现形式。“收保护费”往往涉嫌敲诈勒索违法犯罪。敲诈勒索是采用威胁、要挟、恫吓等手段，向他人索要钱财，该行为属于违法行为，但构成犯罪则要求行为人年满 16 周岁，并具备数额较大或多次敲诈勒索的情节。“数额较大”以二千元至五千元为起点，“多次敲诈勒索”是指二年内敲诈勒索三次以上。

本案中，洪某组织多名未成年人实施了敲诈勒索行为，不过这

些行为性质尚不严重，属于违反《治安管理处罚法》的违法行为，还没有达到敲诈勒索罪的构成要件。甲、乙、丙、丁、戊均未达法定刑事责任年龄，而且甲、乙、丙、丁、戊五人向A中学在校学生20余人进行言语威胁，收取人民币5元至45元不等的“保护费”，共计才200余元，不属于数额较大的情形。同时，甲、乙、丙、丁、戊等人基于同一敲诈勒索的故意对多人实施“收保护费”行为，应当认定为一次敲诈勒索行为，不属于多次。因此，五人均不构成敲诈勒索罪，只属于一般违反治安管理的行为。但是，应依法对组织未成年人进行违反治安管理的行为人进行相应刑事处罚。

虽然本案中五名未成年学生的行为尚不构成犯罪，但这种校园“收保护费”行为与敲诈勒索罪的行为样态是一致的，只是学生的年龄和具体危害结果不符合法定条件而已。如果学校或家庭对“收保护费”的未成年人放任不管，这些学生经过多次敲诈勒索后通常会变本加厉，有可能采用暴力手段，将来实施犯罪行为的可能性非常大。

二、 如何避免未成年人沦为“犯罪工具”

未成年人接受他人教唆实施违法行为，发生在学校门口、食堂、教室、宿舍等区域，反映了家庭与学校教育的缺失，家庭和学校应当主动肩负起帮助未成年人健康发展的重要使命。

首先要帮助未成年人树立正确的价值观。价值观是基于思维而对事物产生的认知、理解和判断，价值观的形成有赖于后天的教育环境。孩子品行的养成来自于对周边环境的耳濡目染。家庭教育应当排在首位，父母的言行将对孩子产生直接影响，学校的教化功能对学生价值观的形成也有很大的作用，学校可以引导未成年人养成良好品德，帮助未成年人明辨是非、善恶、美丑。

其次在家庭教育缺失的情况下，学校应主动承担照护的责任。目前，不少地区普遍存在留守儿童问题，学校应当重点掌握留守儿童的生活学习情况，并给予关爱与指导，避免因疏于管教而导致未成年人走上违法道路。具体来说，学校可以对校内的留守儿童进行登记，适时走访调查留守儿童的生活情况，有针对性地制订帮扶计划。

同时，学校教职人员要及早发现有不良行为的未成年人，对他们及早采取措施，加强教育、矫治。对于违反学校纪律的学生要耐心教育，不可一味地采用强硬手段进行处分，在纠正错误的同时要充分照顾到学生的自尊心，避免因标签化导致学生在违法犯罪的道路上越走越远。

法律小课堂

——《中华人民共和国治安管理处罚法》

第四十九条　盗窃、诈骗、哄抢、抢夺、敲诈勒索或者故意损毁公私财物的，处5日以上10日以下拘留，可以并处500元以下罚款；情节较重的，处10日以上15日以下拘留，可以并处1000元以下罚款。

——《中华人民共和国刑法》

第二百六十二条之二【组织未成年人进行违反治安管理活动罪】　组织未成年人进行盗窃、诈骗、抢夺、敲诈勒索等违反治安管理活动的，处三年以下有期徒刑或者拘役，并处罚金；情节严重的，处三年以上七年以下有期徒刑，并处罚金。

第二百七十四条【敲诈勒索罪】 敲诈勒索公私财物，数额较大或者多次敲诈勒索的，处三年以下有期徒刑、拘役或者管制，并处或者单处罚金。数额巨大或者有其他严重情节的，处三年以上十年以下有期徒刑，并处罚金；数额特别巨大或者有其他特别严重情节的，处十年以上有期徒刑，并处罚金。

——2013 年《最高人民法院、最高人民检察院关于办理敲诈勒索刑事案件适用法律若干问题的解释》

第一条 敲诈勒索公私财物价值二千元至五千元以上、三万元至十万元以上、三十万元至五十万元以上的，应当分别认定为刑法第二百七十四条规定的“数额较大”、“数额巨大”、“数额特别巨大”。

各省、自治区、直辖市高级人民法院、人民检察院可以根据本地区经济发展状况和社会治安状况，在前款规定的数额幅度内，共同研究确定本地区执行的具体数额标准，报最高人民法院、最高人民检察院批准。

第二条 敲诈勒索公私财物，具有下列情形之一的，“数额较大”的标准可以按照本解释第一条规定标准的百分之五十确定：(一)曾因敲诈勒索受过刑事处罚的；(二)一年内曾因敲诈勒索受过行政处罚的；(三)对未成年人、残疾人、老年人或者丧失劳动能力人敲诈勒索的；(四)以将要实施放火、爆炸等危害公共安全犯罪或者故意杀人、绑架等严重侵犯公民人身权利犯罪相威胁敲诈勒索的；(五)以黑恶势力名义敲诈勒索的；(六)利用或者冒充国家机关工作人员、军人、新闻工作者等特殊身份敲诈勒索的；(七)造成其他严重后果的。

学生应当如何避免被犯罪人利用？

学生应学会识别，谨慎交友。结交朋友是人际关系的延伸，也是实现人格发展的重要环节。但如果一方以交情为筹码强迫另一方实施违反道德或法律的行为时，就要反思对方是否真正的朋友。同时自己也要做一个有主见的人，学会拒绝不合理的要求。

君子爱财，取之有道。对待金钱要保持理性，以合法的方式获得，不可不劳而获。在面对诱惑时，要坚守道德底线，学会拒绝也是成长的必修课。

出游时学生发生意外谁买单?

小慧(化名)是长风小学的学生。2018年4月2日，长风小学向全校学生家长发出通知：长风小学拟于同年4月6日组织全校学生到郊外城春园景区进行春游活动，该活动委托春天旅行社组团出游，每名学生的费用为55元，小慧报名参加。2008年4月6日，长风小学派出100名老师带队，春天旅行社派出16名导游跟团。学生进入景区后由景区导游负责提供服务，春天旅行社则另外安排长风小学的老师自由活动。故该次春游中，除个别老师外，长风小学大多数老师因参加春天旅行社安排的自由活动而没有全程跟班陪同、管理学生。

春游活动期间，城春园景区向长风小学每个班发放了8~10个风筝，很多学生在园内的山坡上放风筝。当日13时50分，春游活动结束，学生排队准备上车，但有个别学生仍在放风筝。13时55分，小慧按照老师的要求站在山坡下方准备排队。突然，一个风筝飞来，风筝支架插入小慧左眼，致使小慧左眼受伤。最终，法院判定由学校承担小慧受伤的侵权责任。①

一、 出游活动中学生受伤的赔偿责任

本案中小慧因为参加学校组织的出游活动而受伤，究竟是学校还是春天旅行社应当承担责任呢？答案是学校。虽然此次出游活动是长风小学委托春天旅行社组织的，但长风小学未尽到责任，导致小慧遭受人身损害，应当承担赔偿责任。

本案中，学校辩称，小慧是与春天旅行社形成了旅游服务合同，小慧在出游过程中受到的损害应由合同义务方即春天旅行社承担赔偿责任。但该理由并不能成立。

首先，合同具有相对性。在旅游合同中，签订合同的当事人双方是春天旅行社与长风小学，合同内容是旅行社为长风小学出行的小学生提供旅游服务。但是，并不能据此认为，是长风小学出行的几千名小学生与春天旅行社形成了几千份旅游服务合同。因此，长风小学的辩解理由并不成立。

其次，学校在组织的集体活动中负有保护学生安全的责任。根据法律规定，学校、幼儿园安排未成年人参加集会、文化娱乐、社会实践等集体活动，应当有利于未成年人的健康成长，防止发生人身安全事故。长风小学虽然已经告知家长由春天旅行社安排出游，但并不能排除学校在组织集体活动中的责任，其仍应当尽到防止学生发生人身安全事故的责任。

最后，学校未尽职责导致学生遭受人身损害的应承担赔偿责

---

① 案例改编自《黄某某诉广州市白云区京溪小学、广东省三茂铁路国际旅行社等人身损害赔偿纠纷上诉案》，载《最高人民法院公报》2008 年第 9 期（总第 143 期）。

任。根据相关法律规定，对未成年人依法负有教育、管理、保护义务的学校、幼儿园或者其他教育机构，未尽职责范围内的相关义务致使未成年人遭受人身损害，或者未成年人致他人人身损害的，应当承担与其过错相应的赔偿责任。至于职责范围，教育部《学生伤害事故处理办法》明确规定，学校组织学生参加教育教学活动或校外活动，未对学生进行相应的安全教育，并未在可预见的范围内采取必要的安全措施，造成学生伤害事故的，学校应当依法承担相应的责任。

因此，学校应在其职责范围内承担与其过错相应的赔偿责任。学校作为集体活动的组织者，理应为学生的安全出行做必要的安全告知与宣传，在出行当天也应做好学生的看护工作。但长风小学甚至并未为学生安排必要的跟班陪同，在此过程中，学校对小慧的受伤具有过错，应当承担赔偿责任。在本案中，最终法院判定由学校承担侵权损害赔偿责任是符合法律规定的。

未成年人学习生活的大多数时间都是在学校，而未成年人的心智、身体发育尚不完全，对自己的保护能力较弱，因此学校就承担着重要的责任。学校必须尽最大程度保障未成年人在学校的人身和财产安全，这不仅符合法律的要求，也符合情理。

二、 出游中学生人身损害赔偿责任的分担及预防

学校组织的学生集体活动中也可能存在依法由第三方承担责任的情形。现在大多数学校组织学生外出时，旅行社通常会要求每个学生购买旅行意外保险并缴纳相应费用，由保险公司为外出学生的意外人身伤亡承保。例如，2013 年 9 月底，小文(化名)参加了上海某旅行社组织的“尼泊尔加德满都奇旺博卡拉经典九日游”旅游团，乘当地的超轻型两人座飞机进行山体观光活动时不幸飞机失事

身亡。出团前，小文通过网络向某保险公司投保“境外旅行综合及紧急救援保险”，保险期限为2013年9月29日至同年10月7日，其中包括境外意外伤害保险责任200万元。事发后，小文父母向保险公司理赔未果，于2014年1月诉至法院，要求保险公司支付保险理赔款等200余万元，法院最后判定保险公司需要承担赔偿责任，因为这种观光活动并不属于保险合同中免责条款中规定的“高风险活动”①。因此，学校分担赔偿责任的方法一是选择正规而且收费合理的旅行社组织集体活动，二是建议学生家长购买旅游意外保险。出游费用并不是越低越好，必须具体考察支付的费用及旅行社提供的服务内容。

另外，如果未成年人跟随成年人报了旅行团出行，又没有投保意外险而不幸发生事故的该怎么处理呢？在这种情况下，要看旅行社是否有过错而造成了旅游者的人身损害或者财产损失。如果属于旅行社的责任范围，则它们应当为此承担合同的违约责任或者侵权责任。即使旅游合同中不合理地约定了免除它们自己责任的条款或者加重旅游者的条款，也很可能被法院认定是格式条款而因此无效。

大多数情况下，学校并不能以任何理由免除自己对组织出游在外学生的监管责任。尽管在具体确定赔偿数额时，赔偿可能由保险公司承担，但是学校仍然要为此承担补充责任，即保险公司的承保金额之外的损失仍然要由学校承担。当然最重要的是，学校不能因为委托了旅行社就忽视应该进行的预防性安全教育。学校应该提醒“小游客”们在参加旅游活动时注意安全。本案中，小慧并无任何过

---

① 参见《国庆节将至，外出旅游发生纠纷时哪些情况保险公司必赔？哪些可以免责？》，载济南中院公众号，https：//mp. weixin. qq. com/s/ODxd6fIH60XxMDXNwrc-9A，2020年4月28日访问。

错，她只是“听话地”等待老师的安排，却意外受伤。学校应当注意在举办类似的出游活动时，做好安全管理。第一，出游前形成应急预案，对可能发生的意外情况作出假设和排除。第二，对全部出游的小朋友进行安全教育，告诉他们在出游时要多观察周围情况，及时作出反应。第三，即使已经与旅行社签订旅游合同，也要有保障学生的安全，至少保证每班有一名带班老师看护学生。

法律小课堂

(一)人身损害赔偿

——《最高人民法院关于审理人身损害赔偿案件适用法律若干问题的解释》

第七条　对未成年人依法负有教育、管理、保护义务的学校、幼儿园或者其他教育机构，未尽职责范围内的相关义务致使未成年人遭受人身损害，或者未成年人致他人人身损害的，应当承担与其过错相应的赔偿责任。

——《学生伤害事故处理办法》

第九条

因下列情形之一造成的学生伤害事故，学校应当依法承担相应的责任：

(一)学校的校舍、场地、其他公共设施，以及学校提供给学生使用的学具、教育教学和生活设施、设备不符合国家规定的标准，或者有明显不安全因素的；

(二)学校的安全保卫、消防、设施设备管理等安全管理制度有明显疏漏，或者管理混乱，存在重大安全隐患，而未及时采取措施的；

（三）学校向学生提供的药品、食品、饮用水等不符合国家或者行业的有关标准、要求的；

（四）学校组织学生参加教育教学活动或者校外活动，未对学生进行相应的安全教育，并未在可预见的范围内采取必要的安全措施的；

（五）学校知道教师或者其他工作人员患有不适宜担任教育教学工作的疾病，但未采取必要措施的；

（六）学校违反有关规定，组织或者安排未成年学生从事不宜未成年人参加的劳动、体育运动或者其他活动的；

（七）学生有特异体质或者特定疾病，不宜参加某种教育教学活动，学校知道或者应当知道，但未予以必要的注意的；

（八）学生在校期间突发疾病或者受到伤害，学校发现，但未根据实际情况及时采取相应措施，导致不良后果加重的；

（九）学校教师或者其他工作人员体罚或者变相体罚学生，或者在履行职责过程中违反工作要求、操作规程、职业道德或者其他有关规定的；

（十）学校教师或者其他工作人员在负有组织、管理未成年学生的职责期间，发现学生行为具有危险性，但未进行必要的管理、告诫或者制止的；

（十一）对未成年学生擅自离校等与学生人身安全直接相关的信息，学校发现或者知道，但未及时告知未成年学生的监护人，导致未成年学生因脱离监护人的保护而发生伤害的；

（十二）学校有未依法履行职责的其他情形的。

——《中华人民共和国未成年人保护法》

第三十五条　学校、幼儿园应当建立安全管理制度，对未成年人进行安全教育，完善安保设施、配备安保人员，保障未成年人在校、在园期间的人身、财产安全。

学校、幼儿园不得在危及未成年人人身安全、身心健康的校舍和其他设施、场所中进行教育教学活动。

学校、幼儿园安排未成年人参加文化娱乐、社会实践等集体活动，应当保护未成年人的身心健康，防止发生人身伤害事故。

（二）旅游纠纷

——《最高人民法院关于审理旅游纠纷案件适用法律若干问题的规定》

第一条　本规定所称的旅游纠纷，是指旅游者与旅游经营者、旅游辅助服务者之间因旅游发生的合同纠纷或者侵权纠纷。

"旅游经营者"是指以自己的名义经营旅游业务，向公众提供旅游服务的人。

"旅游辅助服务者"是指与旅游经营者存在合同关系，协助旅游经营者履行旅游合同义务，实际提供交通、游览、住宿、餐饮、娱乐等旅游服务的人。

旅游者在自行旅游过程中与旅游景点经营者因旅游发生的纠纷，参照适用本规定。

第三条　因旅游经营者方面的同一原因造成旅游者人身损害、财产损失，旅游者选择要求旅游经营者承担违约责任或者侵权责任的，人民法院应当根据当事人选择的案由进行审理。

第五条　旅游经营者已投保责任险，旅游者因保险责任事故仅起诉旅游经营者的，人民法院可以应当事人的请求将保险公司列为第三人。

第六条　旅游经营者以格式合同、通知、声明、告示等方式作出对旅游者不公平、不合理的规定，或者减轻、免除其损害旅游者合法权益的责任，旅游者请求依据消费者权益保护法第二十四条的规定认定该内容无效的，人民法院应予支持。

第七条　旅游经营者、旅游辅助服务者未尽到安全保障义务，造成旅游者人身损害、财产损失，旅游者请求旅游经营者、旅游辅助服务者承担责任的，人民法院应予支持。

民办学校怎么选？

2014年年初，刘某依托重庆渝中合创培训学校在重庆市沙坪坝区创办了欧瑞综合教学部。欧瑞综合教学部成立后，刘某担任负责人即校长，并陆续招聘石某、马某平、刘某超、姜某文等人担任该教学部教官。欧瑞综合教学部招取14～18周岁的高中生，并自行制定学生处罚方案，对违反相关规定的学生采取捆绑控制，以打臀部、手心等方式实施体罚；同时规定体罚前须向刘某汇报并取得批准后方可实施。

2015年3月21日，欧瑞综合教学部(甲方)与邹某(乙方)签订特殊教育协议。协议约定：乙方自愿将被监护人邹某某(男，15岁)全权委托甲方进行为期6个月的特殊教育，乙方监护人委托甲方对孩子实施监护权，采取全封闭管理，教学内容包括军事化训练及礼仪、法制、国学学习。甲方承诺，在辅导培训过程中不得采取暴力惩罚学生，否则应承担相应后果。邹某为此缴纳训练费、住宿费、伙食费、心理辅导费、服装费等共计29800元。

同月22日上午，邹某某进入欧瑞综合教学部闪电二班学习。当日14时许，邹某某与教官石某发生言语冲突并对打。石某便安排姜某文拿来背包绳，石某、马某平在其他教官协助下对邹某某进行捆绑。石某电话向刘某汇报请示体罚，刘某同意对邹某某实施体罚。石某当即将刘某同意体罚的意见转告马某平等人。随后石某、马某、姜某文等人先后对邹某某实施拳脚殴打。

当日18时许，邹某某出现呕吐等情况，石某、马某平遂向刘某汇报并请示是否送医院，刘某答复再观察。随后欧瑞综合教学部心理教师张某与刘某先后来到宿舍查看邹某某情况。22时许，石某等人见邹某某伤情严重，即电话告知刘某后，刘某同意后送医院治疗。23时30分许，石某等人将邹某某送往医院，经抢救，医院于次日凌晨5时05分宣告邹某某临床死亡。经法医检验鉴定：邹某某系全身多处软组织挫伤致多器官功能障碍综合征死亡。

次日凌晨3时许，公安人员赶至欧瑞综合教学部将石某、马某平、姜某文、刘某超抓获。刘某得知邹某某死亡后，自行前往重庆市公安局九龙坡区分局歇台子派出所接受调查。最终法院认定，被告人刘某、石某犯故意伤害罪，分别判处无期徒刑，剥夺政治权利终身；被告人马某平犯故意伤害罪，判处有期徒刑十五年，剥夺政治权利三年；被告人姜某文、刘某超犯故意伤害罪，判处有期徒刑十一年。①

本案是一起家长将“问题”孩子送到民办学校进行“特殊教育”，学校实施暴力体罚造成的惨痛悲剧。未成年人的生命、健康等人身权不可侵犯，而在本案中，欧瑞综合教学部与被害人家长签订的合同中约定不得采取暴力惩罚学生。那么，本案中被告人对被害人实施的行为违反了合同约定吗？违反了法律吗？

---

① 案例改编自重庆市高级人民法院〔2017〕渝刑终4号刑事判决书。

体罚是指通过对人身体的责罚，来进行惩罚或教育的行为。成年人针对小孩身体使用的惩罚，可表现为各种殴打、罚站罚跪等。直接的肉体打击是体罚，譬如罚站、罚跑、罚跪、罚蹲、罚面壁、罚体力劳动等；同时也存在着其他的变相体罚，如威胁、呵斥、讽刺、挖苦、辱骂、刁难等严重的心理攻击。变相体罚甚至比直接的身体打击更容易伤害学生，批评超过了一定的程度也有变相体罚之嫌。我国法律明确规定教师不能体罚学生，所以只要是体罚，都是不合法的。哪怕学校制定了可以"体罚"的规章，哪怕家长"书面同意"，也不能"授权"民办学校等教育培训机构采取"体罚"的教育方式。因为只要学校对学生实施了体罚的行为，都是不符合法律规定的。

近年来，类似于南昌豫章书院的案件在网上掀起了不小的热潮，这也不得不令人反思教育机构的现状，特别是民办学校的情况。过往，不少学校打着"特殊教育"的旗号，美其名曰为孩子戒网瘾等不良习惯，实则是以此为借口，完成自己的收敛钱财，甚至是殴打学生、发泄私欲的行为。为了杜绝这类学校的出现，现今，《中华人民共和国教育法》《中华人民共和国民办教育促进法》以及各地出台的有关民办学校的法规政策，例如广东省出台的《广东省基础教育民办学校管理规定》，江苏省宿迁市宿豫区教育局出台的《关于进一步规范民办学校管理的若干规定》都对民办学校的设立以及管理进行了详细、具体的规定。其均明确规定设置民办学校应根据当地的人口、教育资源、教育需求和学校的分布状况，并符合当地教育事业发展的整体规划。

同时，无论是申请筹办还是设立民办学校都要严格按照法定的程序进行。申请筹设民办学校时，举办者应当向审批机关提交申办报告，其具体包括举办者、培养目标、办学规模、办学层次、办学形式、办学条件、内部管理体制、经费筹措与管理使用等；举办者的姓名、住址或者名称、地址；资产来源、资金数额及有效证明文件，并载明产权；如果是属于捐赠性质的校产则须提交捐赠协议，其应载明捐赠人的姓名、所捐资产的数额、用途和管理方法及相关有效证明文件。而申请正式设立民办学校的，应当向审批机关提交筹设批准书，筹设情况报告，学校章程，首届学校理事会、董事会或者其他决策机构组成人员名单，学校资产的有效证明文件，校长、教师、财会人员的资格证明文件等。

在完成了相关程序后，且审核合格，经批准成立后，民办学校可以取得办学许可证，并进行法人登记，之后民办学校可以开展教育、教学活动。但是并不是说民办学校取得了办学许可证便可以“高枕无忧”了，如果出现了不合法的行为，例如民办学校有擅自分立、合并民办学校的；擅自改变民办学校名称、层次、类别和举办者的；发布虚假招生简章或者广告，骗取钱财的；非法颁发或者伪造学历证书、结业证书、培训证书、职业资格证书的；管理混乱严重影响教育教学，产生恶劣社会影响的；提交虚假证明文件或者采取其他欺诈手段隐瞒重要事实骗取办学许可证的；伪造、变造、买卖、出租、出借办学许可证的；恶意终止办学、抽逃资金或者挪用办学经费的，由县级以上人民政府教育行政部门、人力资源社会保障行政部门或者其他有关部门责令限期改正，并予以警告；有违法所得的，退还所收费用后没收违法所得；情节严重的，责令停止招生、吊销办学许可证；构成犯罪的，依法追究刑事责任。因此，即使获得了办学许可证，设立了学校，学校管理人员也应注意自身的行为，不能作出任何有损学生的行为，一切要以学生的利益为先，将学生放在首位，要更好地教育学生、服务于学生。

本案中，欧瑞综合教学部明显不是合法的教育机构，其没有相应的章程和合格的老师，也没有按照国家有关规定办理审核、批准、注册或者备案手续，是违法成立的学校。该教学部显然应该被取缔，且被严厉地处罚。而所谓该“学校”的“不良”老师对学生的体罚行为，导致正处于花季的邹某某同学不幸丧生，这应该给予相关责任者和不法行为实施者严厉的处罚。

以此为鉴，教育部门和工商部门不仅应在审核学校资质时，打起十二分精神，按照法律规定细致审查，更应“主动出击”，审查各类学校的教育机构的资质和教师资格，防止学生受到伤害。

法律小课堂

——《中华人民共和国未成年人保护法》

第二十七条　学校、幼儿园的教职员工应当尊重未成年人人格尊严，不得对未成年人实施体罚、变相体罚或者其他侮辱人格尊严的行为。

——《中华人民共和国义务教育法》

第二十九条　教师在教育教学中应当平等对待学生，关注学生的个体差异，因材施教，促进学生的充分发展。

教师应当尊重学生的人格，不得歧视学生，不得对学生实施体罚、变相体罚或者其他侮辱人格尊严的行为，不得侵犯学生合法权益。

第三十条　教师应当取得国家规定的教师资格。

国家建立统一的义务教育教师职务制度。教师职务分为初级职务、中级职务和高级职务。

——《中华人民共和国教育法》

第二十七条　设立学校及其他教育机构，必须具备下列基本条件：

（一）有组织机构和章程；

（二）有合格的教师；

（三）有符合规定标准的教学场所及设施、设备等；

（四）有必备的办学资金和稳定的经费来源。

第二十八条　学校及其他教育机构的设立、变更和终止，应当按照国家有关规定办理审核、批准、注册或者备案手续。

第三十一条　学校及其他教育机构的举办者按照国家有关规定，确定其所举办的学校或者其他教育机构的管理体制。

学校及其他教育机构的校长或者主要行政负责人必须由具有中华人民共和国国籍、在中国境内定居、并具备国家规定任职条件的公民担任，其任免按照国家有关规定办理。学校的教学及其他行政管理，由校长负责。

学校及其他教育机构应当按照国家有关规定，通过以教师为主体的教职工代表大会等组织形式，保障教职工参与民主管理和监督。

第七十五条　违反国家有关规定，举办学校或者其他教育机构的，由教育行政部门或者其他有关行政部门予以撤销；有违法所得的，没收违法所得；对直接负责的主管人员和其他直接责任人员，依法给予处分。

擦亮双眼，选准学校

家长为孩子选择学校时，仔细分辨学校的优劣是极为重要的。有些机构打着著名学校的名号，却只是一个“加盟店”，其实自身并不具备正规办学条件；还有些学校打着“戒网瘾”“戒毒品”等名义，其教育方式却包括暴力或以暴力相威胁学生。家长可能自认为花了“大价钱”，将孩子送到一个“口碑好、实力强”的学校，但却有可能是“羊入虎口”。因此，父母在选择学校之前，要仔细核查学校的营业执照等办学相关证件原件，并通过发证机关的网站等渠道查询其经营范围。另外，父母要通过可靠方式全面了解该校之前已入学学生的体验和教育效果、学校的师资力量、学校环境等，以免上当受骗。受骗上当失去钱财还可以要回来，但孩子一旦被侵害，则追悔莫及。

孩子也要正确分辨学校的好坏，在发现学校有问题时或者觉得自己有被害苗头时，要及时告知父母，并向学校的其他同学、其他没有参与“体罚”的工作人员求助，要求“退学”。如果已经被“体罚”，则应该要求及时到医院治疗，避免受到更大的伤害。

社会保护篇

社会保护是未成年人保护法律体系的重要内容之一。未成年人不仅生活在家庭中、学校里，也常常接触社会。社会对于未成年人的成长和生活的重要性可以说是不言而喻的。因此，不仅全社会应当树立起尊重、保护、教育未成年人的良好风尚，同时国家也要鼓励、支持和引导社会团体、企业事业组织以及其他组织和个人，开展有利于未成年人健康成长的社会活动与服务，以更好地关心、爱护未成年人，为未成年人提供良好的成长环境和氛围。

现今我国的法律体系，例如《未成年人保护法》等相关法律对于未成年人的社会保护是全方位、多方面的。一方面，在国家的指导下，有关机构、组织应对未成年人提供一定程度的针对性的服务。例如国家应指导爱国主义教育基地、图书馆、青少年宫、儿童活动中心对未成年人免费开放；博物馆、纪念馆、科技馆、展览馆、美术馆、文化馆、社区公益性互联网上网服务场所以及影剧院、体育场馆、动物园、公园等场所应当按照有关规定对未成年人免费或者优惠开放；城市公共交通以及公路、铁路、水路、航空客运等也应当按照有关规定对未成年人实施免费或者优惠票价。同时，任何组织或者个人不得刊登、播放、张贴或者散发含有危害未成年人身心健康内容的广告。另一方面，通过政府有关部门、居民委员会、村民委员会等组织，可以对未成年人的保护进行针对性的指导和监督。依照相关法律规定，在政府有关部门的引导下，居民委员会、村民委员会应当协助政府有关部门，宣传未成年人保护方面的法律法规，并且指导、监督家庭依法履行监护职责，同时应为因家庭或者自身原因处于困境的未成年人建立信息和帮扶档案。

社会对于未成年人的保护和服务是多种多样的，国家、社会团体、企业事业单位以及其他组织和个人，应该从各方面开展有利于未成年人健康成长的社会活动与服务，以给未成年人创造良好的成长环境。另外，社会保护涉及方方面面，既包含对未成年人人身权、人格权、劳动权、财产权等权益的保护，也包括对未成年人提供的走失救助等服务。

“小工人”如何维权？

【案例一】关某开办了一家皮鞋厂。为了降低成本，关某从附近农户和街上流浪的乞儿中招收了一批年龄在 16~18 岁的“小工人”。关某对农户承诺，他管吃管住，孩子每月回家一次，工资若干。但实际上，关某对这些孩子实行“全封闭式”管理，一天强制工作 16 小时以上，不干完活就不许吃饭，不许睡觉。长期的超负荷工作和营养不良使这些孩子们的身体极度虚弱。

数月后，关某的工厂因偷税漏税被查封时，工商部门才发现其雇佣未满 16 周岁的未成年人以及分配远超过规定工作强度的工作给未成年人的行为。经过调查，工商行政管理部门吊销了皮鞋厂的营业执照。①

【案例二】2012 年 2 月某日下午，高天（化名，14 周岁）在远鸿购物广场上班期间，因送货物的升降机钢丝绳突然断裂，导致高天从二楼摔下。事故发生后，远鸿购物广场对高天采取了抢救措施，

---

① 案例改编自《未成年工在劳动中的特殊保护》，载华律网：http：//www.66law.cn/fangan/anli_124/，2020 年 4 月 27 日访问。

并及时送往嵩县中医院、洛阳正骨医院进行治疗，经诊断高天为右胫腓骨开放性粉碎性骨折。2012年12月4日，洛阳市劳动能力鉴定委员会鉴定高天的伤残程序为九级伤残。

经审理，远鸿购物广场招用未满16周岁的高天，双方存在事实劳动关系。高天系童工，童工在受伤后经劳动能力鉴定后即可按照《工伤保险条例》的规定，由用人单位向童工进行赔偿。最终法院判决，远鸿购物广场在判决书生效之日起10日内向高天支付一次性赔偿金66932元，治疗期间的生活费25732元，护理费5576元，伙食补助费3000元，交通费500元，检查费540元，医疗费9726.45元，共计112006.45元。①

一、"小工人"和童工

前述案例中的未成年人都是"小工人"，但是案例一中的"小工人"不属于法律意义上的童工，而案例二中的高天属于法律意义上的童工。在中国，童工是指未满16周岁的儿童或少年工人。根据我国法律规定，除非有特殊规定可以招收未成年人进行工作(如文艺、体育和特种工艺单位招用)外，其他招收未满16周岁未成年人的行为都是不合法的。而如果招用已满16周岁未满18周岁的"小工人"，对于他们的工作分配应在合理强度内和法律规定的范畴之内，并全面保障他们的身心健康。

我国法律明确规定，我国实行劳动者每日工作时间不超过8小时、平均每周工作时间不超过44小时的工时制度。同时，法律对已满16周岁未满18周岁未成年人明确规定了不能进行的高强度、

① 案例改编自河南省洛阳市中级人民法院〔2013〕洛民终字第2639号民事判决书。

高难度或者有害未成年人身心健康的工作。同时，用人单位应严格依照相关规定对未成年人提供特殊保护，保障未成年人的健康成长。具体而言，对于一些危险的、对身体有害的劳动、工作，用人单位不得安排未成年人从事，并且，用人单位应对未成年人在安排工作岗位之前，工作满一年时，年满18周岁时，距前一次的体检时间已超过半年时都要对其进行健康检查。

因此，在案例一中，关某雇用未满16周岁的未成年人已属于违法，强制未成年人每日工作16小时以上，且对他们进行了身心的虐待，更是不符合法律法规的，应当严肃处理。此种行为情节轻微的则由劳动行政部门责令改正，处以罚款；情节严重的，则由工商行政管理部门吊销企业的营业执照。

同时，未成年人父母或者其他监护人允许孩子被用人单位非法雇用的，也应承担相应的责任，有关机构，如学校、教育部门、司法部门等也应及时对监护人进行批评教育或者予以一定的处罚，使监护人认识到自己的失责。

二、“小工人”处理劳动争议的方式

当未成年人在工作单位遭受了不平等的待遇或者不合法的对待时，应及时用法律武器保护自己。未成年人与用人单位处理劳动争议的方式主要有以下几种。

第一，协商。未成年人与用人单位发生纠纷时，可以选择先采用协商的方式进行解决。协商指的是用人单位和劳动者之间对发生争议的问题通过磋商寻找解决方案。协商是出于自愿的，不是必需的程序。双方产生争议后能够协商解决当然是最好的，但是如果协商无法达成一致的，可以采取其他方式。

第二，调解。调解程序是指劳动纠纷的一方当事人就已经发生的劳动纠纷向劳动争议调解委员会申请调解。根据法律规定，在用人单位内可以设立劳动争议调解委员会调解本单位的劳动争议。调解委员会委员一般由单位代表、职工代表和工会代表组成。与协商程序一样，调解程序也由当事人自愿选择，如果调解不成或调解无法达成协议，则可以向仲裁机构提请仲裁。如果调解达成了协议，则要依法制作调解协议书，并且双方当事人要依照调解协议书的约定内容自觉地执行。

第三，仲裁。劳动仲裁程序是指劳动纠纷的一方当事人将纠纷提交劳动争议仲裁委员会，由仲裁委依法开庭审理，并作出仲裁裁决的方式。劳动争议仲裁委员会是国家授权处理劳动争议案件的专门机构，是解决劳动纠纷的重要手段。产生劳动争议后，不能直接提起诉讼，而必须先经过仲裁程序。

第四，诉讼。劳动者申请劳动仲裁就会得到仲裁结果，劳动仲裁具有强制执行效力，但是如果一方对仲裁结果不服的，则可以对此提起诉讼。根据法律规定，劳动争议当事人对仲裁裁决不服的，可以自收到仲裁裁决书之日起 15 日内向人民法院提起诉讼。如果当事人在法定时间内没有提起诉讼，视为服从仲裁裁决。如果一方不履行仲裁裁决，且未依法提起诉讼的，另一方可申请强制执行。诉讼程序由不服劳动争议仲裁委员会裁决的一方当事人向人民法院提起诉讼后启动的。诉讼程序具有较强的法律性、程序性，作出的判决也具有强制执行力。

三、“小工人”遭遇工伤怎么办？

在案例二中，高天与远鸿购物广场并未签订劳动合同。不过，即使双方签署了劳动合同，根据法律规定，也会被认定为无效合同。因为根据法律规定，除特殊情况外，用人单位不得招用未满 16

周岁的未成年人。那么，违反法律禁止性规定的合同就属于无效合同。

工伤保险、工伤赔偿、工伤认定都应被理解为合法有效劳动关系范畴内的概念，不应适用于无效劳动关系。高天作为公司的员工，在工作时间和工作场所内，因工作原因受到事故伤害，根据《工伤保险条例》，在事实层面显然属于工伤范畴，但是由于高天与远鸿购物广场并无劳动关系，所以高天所受到的伤害，并不能以工伤保险或者工伤赔偿的方式得到补偿。

但是，合同无效不等于“小工人”的权利不受法律保护。相反，从未成年人的身心健康出发，从关心下一代出发，从保障人权的角度出发，其受伤亡损害的权益更应受到法律保护，其受保护的权益应比一般劳动者更广泛。

工伤的赔偿一般依照国务院《工伤保险条例》进行，用人单位缴纳了保险的则由保险机构理赔，用人单位未缴纳保险的，用人单位按照保险理赔的标准和数额计算赔付。然而，童工在工作中的伤亡，因为劳动合同无效，不能根据劳动法律关系进行工伤理赔，依法应按一般人身损害的民事法律关系予以赔偿，以此获得更大权益的法律保护。用人单位不仅要负担受害者在治疗期间的全部医疗和生活费用，还要根据童工的伤残等级发给童工一次性赔偿金，这不仅可以使童工受伤后得到更好的保护，也可以进一步防止单位再招收童工和虐待童工。

从相关案例来看，在相同情况下，“小工人”的赔偿金额，对比其他成年人因工伤而获得的赔偿要多。例如，丁某是某公司的职工（丁某年龄为37周岁），2015年3月9日，在上班的路上发生交通事故，被诊断为左肱骨干骨折。受伤后，丁某被评定为工伤，且被鉴定为九级伤残。最后法院判决，该公司于本判决生效之日起10日内支付丁某工资859.94元，经济补偿金7092.24元，治疗费

16741.44 元，二次手术费及鉴定费用 8620 元，住院伙食补助费 165 元，停工留薪期工资 14184.48 元，一次性伤残补助金 21276.72 元，一次性医疗补助金 27601 元，一次性伤残就业补助金 47316 元，合计 143856.82 元。① 在该案例中，丁某获得的赔偿金总额比上述案例中童工高天获得的赔偿金总额要多，其主要原因是该成年人丁某的工资比高天的工资要高，因此对丁某核算赔偿金的基数更高；而且，丁某的手术费更高，这也导致了其赔偿金更高。但是，相比于丁某所获得的一次性伤残补助金，高天所获得的一次性伤残补助金明显更高。因此，童工在遭受工伤后所获得的一次性伤残补助金更高是有理有据且符合司法实践的。

除对童工进行赔偿外，有关机构还会对用人单位进行相应的调查和处理。童工伤残或者死亡的，用人单位由工商行政管理部门吊销营业执照或者由民政部门撤销社会组织登记；用人单位是国家机关、事业单位的，由有关单位依法对直接负责的主管人员和其他直接责任人员给予降级或者撤职的处分；用人单位还应当对伤残的童工、死亡童工的直系亲属给予一次性赔偿，赔偿金额按照国家工伤保险的有关规定计算。因此，在招收工人时，应确认工人的年龄，不要因为贪便宜或者粗心大意而自毁前程。

不过，“小工人”在工作中受到伤害后启动法律程序时需要注意以下几个关键问题。

1. 证明“小工人”与用人单位之间存在事实劳动关系。用人单位一般不会与童工签订劳动合同，能证明事实劳动关系的主要是人证或者物证。比如领取工资或劳动报酬的工资条、转账记录，单位同事的书面证明等。

---

① 案例改编自山东省德州市中级人民法院〔2017〕鲁 14 民终 514 号民事判决书。

2. 及时申请工伤认定或者伤残等级鉴定。童工发生事故伤害的，用人单位一般不会为受伤童工申请工伤认定、伤残等级鉴定。这时受伤童工或其直系亲属可以直接向劳动部门提出工伤认定申请或者伤残等级鉴定申请。必须特别注意的是，此类申请必须在伤害发生之日起 1 年内提出。

3. 证明当事人属于童工。童工是指未满 16 周岁的未成年人，一般当事人提供有效的身份证明即可证明自己在该用人单位劳动期间属于童工。

法律小课堂

——《中华人民共和国未成年人保护法》

第六十一条　任何组织或者个人不得招用未满十六周岁未成年人，国家另有规定的除外。

营业性娱乐场所、酒吧、互联网上网服务营业场所等不适宜未成年人活动的场所不得招用已满十六周岁的未成年人。

招用已满十六周岁未成年人的单位和个人应当执行国家在工种、劳动时间、劳动强度和保护措施等方面的规定，不得安排其从事过重、有毒、有害等危害未成年人身心健康的劳动或者危险作业。

任何组织或者个人不得组织未成年人进行危害其身心健康的表演等活动。经未成年人的父母或者其他监护人同意，未成年人参与演出、节目制作等活动，活动组织方应当根据国家有关规定，保障未成年人合法权益。

——《中华人民共和国劳动法》

第十五条　禁止用人单位招用未满十六周岁的未成年人。

文艺、体育和特种工艺单位招用未满十六周岁的未成年人，必须遵守国家有关规定，并保障其接受义务教育的权利。

第十八条　下列劳动合同无效：(一)违反法律、行政法规的劳动合同；(二)采取欺诈、威胁等手段订立的劳动合同。无效的劳动合同，从订立的时候起，就没有法律约束力。确认劳动合同部分无效的，如果不影响其余部分的效力，其余部分仍然有效。劳动合同的无效，由劳动争议仲裁委员会或者人民法院确认。

第五十八条　国家对女职工和未成年工实行特殊劳动保护。未成年工是指年满十六周岁未满十八周岁的劳动者。

第六十四条　不得安排未成年工从事矿山井下、有毒有害、国家规定的第四级体力劳动强度的劳动和其他禁忌从事的劳动。

第六十五条　用人单位应当对未成年工定期进行健康检查。

第九十四条　用人单位非法招用未满十六周岁的未成年人的，由劳动行政部门责令改正，处以罚款；情节严重的，由市场监督管理部门吊销营业执照。

第九十五条　用人单位违反本法对女职工和未成年工的保护规定，侵害其合法权益的，由劳动行政部门责令改正，处以罚款；对女职工或者未成年工造成损害的，应当承担赔偿责任。

——《未成年工特殊保护规定》

第二条　未成年工是指年满十六周岁，未满十八周岁的劳动者。未成年工的特殊保护是针对未成年工处于生长发育期的特点，以及接受义务教育的需要，采取的特殊劳动保护措施。

第六条　用人单位应按下列要求对未成年工定期进行健康

检查：

（一）安排工作岗位之前；

（二）工作满一年；

（三）年满十八周岁，距前一次的体检时间已超过半年。

第八条　用人单位应根据未成年工的健康检查结果安排其从事适合的劳动，对不能胜任原劳动岗位的，应根据医务部门的证明，予以减轻劳动量或安排其他劳动。

第十条　未成年工上岗前用人单位应对其进行有关的职业安全卫生教育、培训；未成年工体检和登记，由用人单位统一办理和承担费用。

——《禁止使用童工规定》

第二条　国家机关、社会团体、企业事业单位、民办非企业单位或者个体工商户（以下统称用人单位）均不得招用不满16周岁的未成年人（招用不满16周岁的未成年人，以下统称使用童工）。禁止任何单位或者个人为不满16周岁的未成年人介绍就业。禁止不满16周岁的未成年人开业从事个体经营活动。

第三条　不满16周岁的未成年人的父母或者其他监护人应当保护其身心健康，保障其接受义务教育的权利，不得允许其被用人单位非法招用。

不满16周岁的未成年人的父母或者其他监护人允许其被用人单位非法招用的，所在地的乡（镇）人民政府、城市街道办事处以及村民委员会、居民委员会应当给予批评教育。

——《工伤保险条例》

第十四条　职工有下列情形之一的，应当认定为工伤：(一)在工作时间和工作场所内，因工作原因受到事故伤害的；(二)工作时间前后在工作场所内，从事与工作有关的预备性或者收尾性工作受到事故伤害的；(三)在工作时间和工作场所内，因履行工作职责受到暴力等意外伤害的；(四)患职业病的；(五)因工外出期间，由于工作原因受到伤害或者发生事故下落不明的；(六)在上下班途中，受到非本人主要责任的交通事故或者城市轨道交通、客运轮渡、火车事故伤害的；(七)法律、行政法规规定应当认定为工伤的其他情形。

第六十六条　无营业执照或者未经依法登记、备案的单位以及被依法吊销营业执照或者撤销登记、备案的单位的职工受到事故伤害或者患职业病的，由该单位向伤残职工或者死亡职工的近亲属给予一次性赔偿，赔偿标准不得低于本条例规定的工伤保险待遇；用人单位不得使用童工，用人单位使用童工造成童工伤残、死亡的，由该单位向童工或者童工的近亲属给予一次性赔偿，赔偿标准不得低于本条例规定的工伤保险待遇。具体办法由国务院社会保险行政部门规定。

前款规定的伤残职工或者死亡职工的近亲属就赔偿数额与单位发生争议的，以及前款规定的童工或者童工的近亲属就赔偿数额与单位发生争议的，按照劳动争议的有关规定处理。

——《非法用工单位伤亡人员一次性赔偿办法》

第二条　本办法所称非法用工单位伤亡人员，是指无营业执照或者未经依法登记、备案的单位以及被依法吊销营业执照或者撤销登记、备案的单位受到事故伤害或者患职业病的职工，或者用人单位使用童工造成的伤残、死亡童工。

前款所列单位必须按照本办法的规定向伤残职工或者死亡职工的近亲属、伤残童工或者死亡童工的近亲属给予一次性赔偿。

第三条　一次性赔偿包括受到事故伤害或者患职业病的职工或童工在治疗期间的费用和一次性赔偿金。一次性赔偿金数额应当在受到事故伤害或者患职业病的职工或童工死亡或者经劳动能力鉴定后确定。

劳动能力鉴定按照属地原则由单位所在地设区的市级劳动能力鉴定委员会办理。劳动能力鉴定费用由伤亡职工或童工所在单位支付。

第四条　职工或童工受到事故伤害或者患职业病，在劳动能力鉴定之前进行治疗期间的生活费按照统筹地区上年度职工月平均工资标准确定，医疗费、护理费、住院期间的伙食补助费以及所需的交通费等费用按照《工伤保险条例》规定的标准和范围确定，并全部由伤残职工或童工所在单位支付。

第五条　一次性赔偿金按照以下标准支付：

一级伤残的为赔偿基数的16倍，二级伤残的为赔偿基数的14倍，三级伤残的为赔偿基数的12倍，四级伤残的为赔偿基数的10倍，五级伤残的为赔偿基数的8倍，六级伤残的为赔偿基数的6倍，七级伤残的为赔偿基数的4倍，八级伤残的为赔偿基数的3倍，九级伤残的为赔偿基数的2倍，十级伤残的为赔偿基数的1倍。

前款所称赔偿基数，是指单位所在工伤保险统筹地区上年度职工年平均工资。

工作前做足准备，工作中保护自己

首先，未成年人应坚决拒绝成为不符合法律规定的“小工人”。我国法律规定用人单位只有在特定条件下才能雇用未满16周岁的未成年人。因此，无论是谁安排自己去“工作”，未满16周岁的未成年人都应该坚决拒绝。在自己能力不足以抗争时，未成年人要及时向其他成年长辈、社区或者政府机关求助。

其次，未成年人如果符合法律规定可以被雇用，则应该与用人单位签订劳动合同。当然，在签订劳动合同前，要认真查看合同条款是否合法、是否存在不利于自己利益的约定、其报酬是否合理、其工作内容是否合乎法律等，以免“上当受骗”。如果未成年人缺乏相关的法律知识，可以到所在区司法局的法律援助中心，向专业人士进行请教，也可以通过电话、网络等多种方式向法律专业人士咨询。

最后，如果未成年人在工作中受到伤害，则要立即按照法定程序向单位申请赔偿，防止自身受到二次伤害。

未成年人对作品享有著作权吗?

2018 年 9 月，读小学的张小马(化名，9 周岁)在市教委组织的儿童绘画比赛中获得一等奖。市教委下属的一家美术杂志社闻讯后即来信表示，他们将出一期儿童作品专刊，希望张小马能寄来几幅作品供他们挑选。张小马的父亲张勇收信后给杂志社寄去了 3 幅作品，但之后一直没有回音。2019 年 3 月，张勇在该杂志社的期刊上发现了张小马的两幅作品，但没有给张小马署名。张勇便立即找到杂志社，质问为何不通知他作品已被选用，而且对此既没有支付相应的稿酬也没有进行署名。然而，该杂志社称，张小马年仅 9 岁，还是未成年人，不能享有著作权，因此没必要署名；而且杂志社发表张小马的作品是教委对其成绩的肯定，没有必要支付稿酬。①

著作权是指作者或其他著作权人对文学、艺术和科学作品依法享有的专有权利。著作权的主

① 参见郭玮:《未成年人是否享有著作权》，载《中国黄金报》2014 年 1 月 10 日，第 3 版。

体有权利人和继受者两类。权利人主要就是作者，而继受者是指通过赠与和继承等方式取得著作权的行为人。

著作权的对象是作品，指文学、艺术和科学领域内具有独创性并能以某种有形形式复制的智力成果。具体包括：(1)文字作品；(2)口述作品；(3)音乐、戏剧、曲艺、舞蹈、杂技艺术作品；(4)美术、建筑作品；(5)摄影作品；(6)电影作品和以类似摄制电影的方法创作的作品；(7)工程设计图、产品设计图、地图、示意图等图形作品和模型作品；(8)计算机软件，等等。其中美术作品当然属于法律保护的著作权范围。

著作权包括著作人身权和著作财产权。著作人身权是指作者通过创作表现个人风格的作品而依法享有获得名誉、声望和维护作品完整性的权利。著作人身权包括发表权、署名权、修改权和保护作品完整权。该权利由作者终身享有，不可转让、剥夺和限制。作者死后，一般由其继承人或者法定机构予以保护。著作财产权是作者自行使用作品和允许他人使用作品而享有的以物质利益为内容的权利。著作财产权主要包括复制权、发行权、出租权、展览权、表演权、放映权、广播权、信息网络传播权、摄制权、改编权、翻译权、汇编权以及应当由著作权人享有的其他权利。

在我国，著作权采取自动取得的方式，著作权因作品创作完成、形成作品这一法律事实的存在而自然取得，无须履行任何手续即可取得。著作权的保护期限，如果作者是公民，保护期限至作者死亡之后第 50 年的 12 月 31 日；如果作品的作者是法人、其他组织，保护期限到作者首次发表后第 50 年的 12 月 31 日；但作品自创作完成后 50 年未发表的，不再受法律保护。但是作者的署名权、修改权、保护作品完整权的保护期不受限制。

著作权是公民依法享有的一项民事权利，而自然人从出生开始就具备民事权利能力，也享有民事权利。未成年人的作品只要具有独创性，即作品必须是本人创作的智力成果，而不是抄袭剽窃他人的，无论作品是否发表，都从作品完成之日起享有著作权。所以，即使张小马是未成年人，也当然享有著作权。所以，杂志社以张小马是未成年人，主张其不享有著作权的理由是完全不成立的。

同时，张小马享有对作品的署名权和获得报酬权。杂志社使用了张小马的作品，应当支付报酬而未支付，并且未给张小马署名，是对张小马著作权的侵害行为。张小马及其法定监护人有权要求杂志社署名，并支付报酬。

若是张小马及其他未成年人的著作权受到侵害，可以通过下列几种方式进行维权。

第一，与侵权人协商。在协商时，要采取心平气和的方式，向对方当事人提出自身的请求和底线，以获得最佳的解决方式。在本案中，张小马的父亲张勇“质问”杂志社的一系列行为，就属于协商行为。

第二，调解。著作权人可以申请第三者，例如版权局、中华版权代理总公司和版权保护协会等著作权保护机构调解著作权纠纷，让第三人可以在公平、公正的角度上对此种纠纷进行调和、处理。

第三，仲裁。著作权人可以根据达成的书面仲裁协议或者著作权合同中的仲裁条款，向仲裁机构申请仲裁。仲裁机构在将争议事实调查清楚后，应进行评议，并在事实和法律的基础上作出合理、合法的裁决。双方当事人在收到裁决书后，应当自觉履行仲裁裁决。仲裁裁决具有执行力，当事人不得就已经裁决的事项再行申请仲裁，也不得就此提起诉讼。

第四，诉讼。协商、调解不是著作权诉讼的必经程序是双方自愿选择的。仲裁也不是著作权诉讼的必要程序，除非当事人之间有书面仲裁协议。著作权人可以直接向人民法院起诉。当然，未成年人作为无诉讼行为能力人，应由他的监护人作为法定代理人以其名义代为起诉。

虽然现今人们的法律意识已经有所提高，但是现实中侵犯未成年人的著作权情况还比较常见。如果未成年人发现自己的著作权受到了侵害，要及时维护自身的权利。

法律小课堂

——《中华人民共和国民法典》

第一百二十三条　民事主体依法享有知识产权。知识产权是权利人依法就下列客体享有的专有的权利：(一)作品；(二)发明、实用新型、外观设计；(三)商标；(四)地理标志；(五)商业秘密；(六)集成电路布图设计；(七)植物新品种；(八)法律规定的其他客体。

——《中华人民共和国著作权法》

第三条　本法所称的作品，包括以下列形式创作的文学、艺术和自然科学、社会科学、工程技术等作品：(一)文字作品；(二)口述作品；(三)音乐、戏剧、曲艺、舞蹈、杂技艺术作品；(四)美术、建筑作品；(五)摄影作品；(六)电影作品和以类似摄制电影的方法创作的作品；(七)工程设计图、产品设计图、地图、示意图等图形作品和模型作品；(八)计算机软件；(九)法律、行政法规规定的其他作品。

第九条　著作权人包括：(一)作者；(二)其他依照本法享有著作权的公民、法人或者其他组织。

第十条　著作权包括下列人身权和财产权：(一)发表权，即决定作品是否公之于众的权利；(二)署名权，即表明作者身份，在作品上署名的权利；(三)修改权，即修改或者授权他人修改作品的权利；（四）保护作品完整权，即保护作品不受歪曲、篡改的权利；（五）复制权，即以印刷、复印、拓印、录音、录像、翻录、翻拍等方式将作品制作一份或者多份的权利；（六）发行权，即以出售或者赠与方式向公众提供作品的原件或者复制件的权利；（七）出租权，即有偿许可他人临时使用电影作品和以类似摄制电影的方法创作的作品、计算机软件的权利，计算机软件不是出租的主要标的的除外；（八）展览权，即公开陈列美术作品、摄影作品的原件或者复制件的权利；（九）表演权，即公开表演作品，以及用各种手段公开播送作品的表演的权利；（十）放映权，即通过放映机、幻灯机等技术设备公开再现美术、摄影、电影和以类似摄制电影的方法创作的作品等的权利；（十一）广播权，即以无线方式公开广播或者传播作品，以有线传播或者转播的方式向公众传播广播的作品，以及通过扩音器或者其他传送符号、声音、图像的类似工具向公众传播广播的作品的权利；（十二）信息网络传播权，即以有线或者无线方式向公众提供作品，使公众可以在其个人选定的时间和地点获得作品的权利；（十三）摄制权，即以摄制电影或者以类似摄制电影的方法将作品固定在载体上的权利；（十四）改编权，即改变作品，创作出具有独创性的新作品的权利；（十五）翻译权，即将作品从一种语言文字转换成另一种语言文字的权利；（十六）汇编权，即将作品或者作品的片段通过选择或者编排，汇集成新作品的权利；（十七）应当由著作权人享有的其他权利。著作权人可以许可他人行使前款第（五）项至第（十七）项规定的权利，并依照约定或者本法有关规定获得报酬。著作权人可以全部或者部分转让本条第一款第（五）项至第（十七）项规定的权利，并依照约定或者本法有关规定获得报酬。

第四十七条　有下列侵权行为的，应当根据情况，承担停止侵害、消除影响、赔礼道歉、赔偿损失等民事责任：(一)未经著作权人许可，发表其作品的；(二)未经合作作者许可，将与他人合作创作的作品当作自己单独创作的作品发表的；(三)没有参加创作，为谋取个人名利，在他人作品上署名的；(四)歪曲、篡改他人作品的；(五)剽窃他人作品的；(六)未经著作权人许可，以展览、摄制电影和以类似摄制电影的方法使用作品，或者以改编、翻译、注释等方式使用作品的，本法另有规定的除外；(七)使用他人作品，应当支付报酬而未支付的；(八)未经电影作品和以类似摄制电影的方法创作的作品、计算机软件、录音录像制品的著作权人或者与著作权有关的权利人许可，出租其作品或者录音录像制品的，本法另有规定的除外；(九)未经出版者许可，使用其出版的图书、期刊的版式设计的；(十)未经表演者许可，从现场直播或者公开传送其现场表演，或者录制其表演的；(十一)其他侵犯著作权以及与著作权有关的权益的行为。

——《中华人民共和国民事诉讼法》

第五十七条　无诉讼行为能力人由他的监护人作为法定代理人代为诉讼。法定代理人之间互相推诿代理责任的，由人民法院指定其中一人代为诉讼。

彩票中奖算谁的?

10 岁的小畅在姑姑余红的带领下来到某彩票销售处玩，小畅向余红提出想用压岁钱购买一张彩票。余红即帮小畅在彩票销售处花 2 元购买了一张彩票，并由小畅自己挑选彩票、自己刮奖，没想到竟中了 30000 元奖金。最终，余红代小畅领取了扣除税款的 24000 元奖金。①

虽然《未成年人保护法》、2009 年国务院《彩票管理条例》等均明确规定了未成年人不可以购买彩票，但是如果有未成年人没有控制住自己，擅自购买了彩票，并且幸运地中了奖，那么该未成年人中奖所得的钱财应该归属于谁，学术界和司法实践对此都颇有争议。对于小畅购买彩票获得的 24000 元奖金应归谁所有，主要存在三种不同观点。

第一种观点认为，因为我国法律明确规定彩

---

① 案例改编自《8 岁儿童购买彩票中奖奖金归谁》，载中国法院网：https：//www. chinacourt. org/article/detail/2019/03/id/3806954. shtml，2020 年 4 月 22 日访问。

票销售机构禁止向未成年人出售彩票以及兑奖，所以在本案中，小畅是未成年人，其在彩票销售处购买彩票的行为违反了法律规定，应属无效合同。因此，中奖的彩票应作废，小畅购买彩票所获得的24000元奖金应当退还给彩票销售处。

第二种观点认为，小畅是未成年人，彩票销售处不能向其出售彩票及兑奖。但是在本案中，小畅购买的彩票是由其姑姑余红出面购买及领取奖金的，而余红是成年人，其向彩票销售处购买彩票的行为合法有效，故小畅购买彩票获得的24000元奖金应归余红所有。

第三种观点认为，小畅是通过姑姑余红帮忙购买彩票，构成了委托代理关系。虽然根据有关法律，小畅作为未成年人不能购买彩票及兑奖，但其委托的代理人是成年人，能够购买彩票及兑奖。同时，小畅用自己的压岁钱购买彩票，且是自己挑选彩票、自己刮奖，故小畅购买彩票获得的24000元奖金应归其自己所有。

笔者认为，第三种观点更为合法合理。

首先，小畅请姑姑余红帮忙购买彩票及兑奖，余红帮助小畅购买彩票及兑奖的行为，双方依法形成委托代理关系。余红帮助小畅向彩票销售处购买彩票及兑奖领取奖金的行为是行使委托代理权、履行委托代理义务的体现。虽然《彩票管理条例》明确规定彩票销售机构禁止向未成年人出售彩票，不得向未成年人兑奖，但小畅的姑姑余红是成年人，能够购买彩票及兑奖，故其代理小畅向彩票销售处购买彩票及兑奖的行为合法有效，奖金不应退还给彩票销售处。

其次，小畅已年满8周岁，可以独立依法实施纯获利益的民事法律行为或者与其年龄、智力相适应的民事法律行为。小畅购买彩票仅花费2元，该消费行为与其年龄、智力及精神健康状况相适应，而且小畅购买彩票获奖系纯获利益的民事法律行为，故小畅有权委托其姑姑余红代为购买彩票以及兑奖领取奖金的行为是合法有效的，应该予以认可。

再次，代理人在代理权限内与第三人实施民事行为，其法律后果直接由被代理人承受。余红为小畅代理购买彩票并中奖，其法律后果应由委托人，即被代理人小畅承受。受托人处理委托事务取得的财产，应当转交给委托人。既然余红购买彩票、兑奖均是在履行小畅的委托事务，并且小畅也具有相应的民事行为能力，因此，不能以小畅不具备购买彩票及兑奖的资格而直接认定余红为彩票购买人及奖金所有人。

最后，购买彩票属于射幸行为，能否中奖具有极大的不确定性。虽然彩票系余红帮助购买，但是购买彩票的钱为小畅的压岁钱，且彩票的挑选、刮奖均是小畅自己所为，故彩票是否中奖的结果均由小畅自己承担，不中奖的后果也由小畅承受，所以获利也应归属于小畅所有。小畅作为未成年人，对自己因继承、接受赠与或者其他无偿方式取得的财产，以及因劳动、经营或者其他有偿方式取得的财产均享有所有权。因此，在本案中小畅的压岁钱属于其个人财产，其用个人财产购买彩票获得的奖金 24000 元也属于其个人所有的财产。不过，该财产可以由其法定监护人代为管理。

同时，个人所得税是公民在获得报酬时必须缴纳的税款，其与公民的年龄并无关联。在个人所得税的缴纳中，公民获得的报酬既包括劳动所得，也包括非劳动所得。通常情况下，未成年人不能获得劳动收入因此大多数未成年人并没有缴税的概念。但未成年人通过其他方式获得的所得都要依法缴纳个人所得税，例如稿酬、片酬以及中奖所得奖金等。在本案中，小畅通过中奖所获得的奖金，依据相关法律规定，应当缴纳税款。

法律小课堂

——《中华人民共和国民法典》

第十九条　八周岁以上的未成年人为限制民事行为能力人，实施民事法律行为由其法定代理人代理或者经其法定代理人同意、追认，但是可以独立实施纯获利益的民事法律行为或者与其年龄、智力相适应的民事法律行为。

第二十二条　不能完全辨认自己行为的成年人为限制民事行为能力人，实施民事法律行为由其法定代理人代理或者经其法定代理人同意、追认；但是，可以独立实施纯获利益的民事法律行为或者与其智力、精神健康状况相适应的民事法律行为。

第一百六十一条　民事主体可以通过代理人实施民事法律行为。

依照法律规定、当事人约定或者民事法律行为的性质，应当由本人亲自实施的民事法律行为，不得代理。

第一百六十二条　代理人在代理权限内，以被代理人名义实施的民事法律行为，对被代理人发生效力。

第九百二十七条　受托人处理委托事务取得的财产，应当转交给委托人。

——《彩票管理条例》

第十八条　彩票发行机构、彩票销售机构、彩票代销者不得有下列行为：(一)进行虚假性、误导性宣传；(二)以诋毁同业者等手段进行不正当竞争；(三)向未成年人销售彩票；(四)以赊销或者信用方式销售彩票。

第二十六条　彩票发行机构、彩票销售机构、彩票代销者应当按照彩票品种的规则和兑奖操作规程兑奖。

彩票中奖奖金应当以人民币现金或者现金支票形式一次性兑付。

不得向未成年人兑奖。

——《中华人民共和国未成年人保护法》

第五十九条　学校、幼儿园周边不得设置烟、酒、彩票销售网点。禁止向未成年人销售烟、酒、彩票或者兑付彩票奖金。烟、酒和彩票经营者应当在显著位置设置不向未成年人销售烟、酒或者彩票的标志；对难以判明是否是未成年人的，应当要求其出示身份证件。

任何人不得在学校、幼儿园和其他未成年人集中活动的公共场所吸烟、饮酒。

——《中华人民共和国个人所得税法》

第二条　下列各项个人所得，应当缴纳个人所得税：

(一)工资、薪金所得；

(二)劳务报酬所得；

(三)稿酬所得；

(四)特许权使用费所得；

(五)经营所得；

(六)利息、股息、红利所得；

(七)财产租赁所得；

(八)财产转让所得；

(九)偶然所得。

居民个人取得前款第一项至第四项所得(以下称综合所得)，按纳税年度合并计算个人所得税；非居民个人取得前款第一项至第四项所得，按月或者按次分项计算个人所得税。纳税人取得前款第五项至第九项所得，依照本法规定分别计算个人所得税。

医疗事故造成未成年人伤亡如何赔偿?

2007 年 9 月 1 日，小马同学(化名，14 周岁)因腹痛、呕吐，被送往和顺县人民医院。9 月 3 日转院到阳泉市第一人民医院，小马被诊断为腹腔积液少量、不排除阑尾炎。因家庭经济困难，小马同学于 9 月 4 日再次转入和顺县人民医院治疗，同日下午进行阑尾炎切除手术。9 月 5 日凌晨 5 时查其体温为 40℃，在给小马同学物理降温的同时，医院给予小壶滴注地塞米松及肌注退烧治疗。6 时小马同学出现抽搐、神志不清症状。和顺县人民医院积极处置，建议转上级医院。

9 月 5 日上午，小马同学转入山西省儿童医院，被诊断为中毒性脑病、惊厥后脑损伤、皮质盲、弥漫性腹膜炎、肠间隙脓肿、切口感染。9 月 15 日转入北京儿童医院，诊断为阑尾术后中毒性脑病、腹膜炎感染。

2008 年 8 月 1 日小马同学的父母向晋中市医学会提供了小马同学就医期间的全部病例并申请医疗事故鉴定。因双方提供的两份病历明显不一致，晋中市医学会中止组织医疗事故鉴定。2009

年6月15日，山西省司法鉴定工作管理委员会人身伤害司法鉴定专家委员会对小马同学进行伤残等级鉴定，经鉴定为二级伤残。同年9月9日小马同学父母向法院进行起诉。2010年3月9日，北京法源司法科学证据鉴定中心对和顺县人民医院为小马同学实施的医疗行为是否存在过错进行鉴定。经鉴定，和顺县人民医院在术后全面有效护理方面存在缺陷，并且医院还向法院和医学会隐瞒了小马同学的病历资料。最终法院判决和顺县人民医院存在较大过错并承担70%的赔偿责任。①

医疗事故，是指医疗机构及其医务人员在医疗活动中，违反医疗卫生管理法律、行政法规、部门规章和诊疗护理规范、常规，过失造成患者人身损害的事故。

医疗事故损害赔偿纠纷是由于医疗行为引发的赔偿纠纷，其中的关键问题在于责任认定。未成年病人因医疗行为而发生伤害、死亡的结果，只有医疗机构存在过错时才构成医疗侵权行为，患者才能要求医疗机构承担赔偿责任。

医疗机构承担侵权责任，并支付医疗事故赔偿的条件主要包括四项：一是医疗机构的医务人员对患者存在诊疗行为；二是患者存在损害；三是诊疗行为与损害后果之间存在因果关系；四是医院或医务人员存在过错。

在本案中，首先，和顺县人民医院对小马同学的诊疗行为和小马同学的损害事实是客观存在的。其次，对和顺县人民医院为小马实施的医疗行为是否存在过错进行了鉴定。鉴定意见确认和顺县人民医院对小马实施的医疗活动中，在术后全面有效护理方面存在缺

① 案例改编自山西省高级人民法院〔2014〕晋民申字第96号民事裁定书。

陷。这说明和顺县人民医院的医疗行为与小马同学的损害结果之间具有一定因果关系。公民的生命健康权依法应当受到充分尊重保护。未成年患者在疾病状态下就诊时，监护人和医院都应当尽到充分的注意义务，保护其合法权益。和顺县人民医院作为专业医疗单位，对于患者应当积极救治，手术后对患者应进行全面有效的护理，对于出现的症状应及时采取措施进行处置，同时也应对患者就诊过程形成完整、准确的书面记录。但和顺县人民医院在术后综合性治疗护理方面措施不到位，未能全面有效阻止患者感染病情发展，可以断定，其对于小马同学的治疗是存在过错的。因此，该医疗机构满足了承担侵权责任全部条件，应当按照法律规定对小马同学进行赔偿。

同时，医疗机构有义务按照相关规定，根据诊断事实书写并保管医疗记录资料，而不能对患者的病历资料进行不正当修改。在本案中，和顺县人民医院对于患者的医疗情况记录不完善，对小马的病历中的重要数据存在修改现象，是不合法的行为，依法应当承担主要民事赔偿责任。这种修改证据的行为，不仅浪费另一方当事人的时间精力、国家的人力物力，也会损害自己的利益。

当然，在医疗事故索赔的过程中，要掌握一定的技巧，监护人要为未成年人提供最大的帮助，索赔过程中要注意以下几点：

第一，复印封存病历资料要及时。发生医疗纠纷后，第一步需要做的事情是保管、复制或封存病历资料，这也就是法律术语中的“证据保全”。病历资料是医务人员在医疗活动过程中形成的文字、符号、图表、影像、切片等资料的总和，包括门(急)诊病历和住院病历，属于书证的一种。病历资料不仅可以证明医患关系的存在，也是全部诊疗过程的证明，可以说，它是判断医院是否应对患者的身体或健康受到伤害承担责任的重要甚至是唯一的证据材料，也是医疗纠纷解决中的关键证据，对医疗纠纷的解决起着关键作用。在本案中，正是因为小马同学的父母保存了小马同学完整的病历资料，也及时向医学会申请了医疗事故鉴定，才能使本案的处理如此顺利。

第二，在行政调解与司法救济之间明智选择。医疗事故赔偿行政调解是在卫生行政部门的主持下，根据自愿和合法的原则，采取说服教育的方法，促使医疗机构和患者友好协商、互谅互让而达成对医疗事故赔偿的和解协议。而司法救济是指向法院提起诉讼。发生医疗事故纠纷时，医患双方可以协商解决。如果不愿意协商或者协商不成的，当事人可以向卫生行政部门提出调解申请，或者可以直接向人民法院提起民事诉讼。行政调解有利于快速地解决纠纷并获得赔偿，当然，若无法达成协议，或达成协议后反悔，可再行提起诉讼。是先行申请行政调解还是直接寻求司法救济，应当结合具体情况进行选择。

第三，侵权之诉与违约之诉可选择。当患者到医院就诊，医患之间就形成了医疗合同，医院可能会因为没有适当地履行医疗义务而构成违约，也会因为医疗措施不当，侵害了患者的生命权、身体权和健康权而构成侵权。在审理医疗损害赔偿案件中，对医院方损害赔偿责任的追究，既可以违约而追究违约损害赔偿责任，也可以侵权而追究侵权损害赔偿责任，受害人可选择其中之一提起损害赔偿请求。审判实践中，鉴于违约责任不承认精神损害赔偿及医疗损害主要是赔偿人身伤害，因此，对于医疗损害赔偿的处理适用于侵权责任对患者较为有利。患者可根据案件事实，既可以选择追究医方的违约责任，也可以选择追究侵权责任。侵权之诉与违约之诉在举证责任、归责标准、赔偿范围上均有不同，患方应慎重选择。

法律小课堂

——《医疗事故处理条例》

第八条　医疗机构应当按照国务院卫生行政部门规定的要求，书写并妥善保管病历资料。

因抢救急危患者，未能及时书写病历的，有关医务人员应当在抢救结束后6小时内据实补记，并加以注明。

第九条　严禁涂改、伪造、隐匿、销毁或者抢夺病历资料。

第十条　患者有权复印或者复制其门诊病历、住院志、体温单、医嘱单、化验单(检验报告)、医学影像检查资料、特殊检查同意书、手术同意书、手术及麻醉记录单、病理资料、护理记录以及国务院卫生行政部门规定的其他病历资料。

患者依照前款规定要求复印或者复制病历资料的，医疗机构应当提供复印或者复制服务并在复印或者复制的病历资料上加盖证明印记。复印或者复制病历资料时，应当有患者在场。

医疗机构应患者的要求，为其复印或者复制病历资料，可以按照规定收取工本费。具体收费标准由省、自治区、直辖市人民政府价格主管部门会同同级卫生行政部门规定。

第三十七条　发生医疗事故争议，当事人申请卫生行政部门处理的，应当提出书面申请。申请书应当载明申请人的基本情况、有关事实、具体请求及理由等。

当事人自知道或者应当知道其身体健康受到损害之日起1年内，可以向卫生行政部门提出医疗事故争议处理申请。

第三十八条　发生医疗事故争议，当事人申请卫生行政部门处理的，由医疗机构所在地的县级人民政府卫生行政部门受理。医疗机构所在地是直辖市的，由医疗机构所在地的区、县人民政府卫生行政部门受理。

第四十八条　已确定为医疗事故的，卫生行政部门应医疗事故争议双方当事人请求，可以进行医疗事故赔偿调解。调解时，应当遵循当事人双方自愿原则，并应当依据本条例的规定计算赔偿数额。

经调解，双方当事人就赔偿数额达成协议的，制作调解书，双方当事人应当履行；调解不成或者经调解达成协议后一方反悔的，卫生行政部门不再调解。

第四十九条　医疗事故赔偿，应当考虑下列因素，确定具体赔偿数额：

（一）医疗事故等级；

（二）医疗过失行为在医疗事故损害后果中的责任程度；

（三）医疗事故损害后果与患者原有疾病状况之间的关系。

不属于医疗事故的，医疗机构不承担赔偿责任。

第五十条　医疗事故赔偿，按照下列项目和标准计算：

（一）医疗费：按照医疗事故对患者造成的人身损害进行治疗所发生的医疗费用计算，凭据支付，但不包括原发病医疗费用。结案后确实需要继续治疗的，按照基本医疗费用支付。

（二）误工费：患者有固定收入的，按照本人因误工减少的固定收入计算，对收入高于医疗事故发生地上一年度职工年平均工资3倍以上的，按照3倍计算；无固定收入的，按照医疗事故发生地上一年度职工年平均工资计算。

(三)住院伙食补助费：按照医疗事故发生地国家机关一般工作人员的出差伙食补助标准计算。

(四)陪护费：患者住院期间需要专人陪护的，按照医疗事故发生地上一年度职工年平均工资计算。

(五)残疾生活补助费：根据伤残等级，按照医疗事故发生地居民年平均生活费计算，自定残之月起最长赔偿30年；但是，60周岁以上的，不超过15年；70周岁以上的，不超过5年。

(六)残疾用具费：因残疾需要配置补偿功能器具的，凭医疗机构证明，按照普及型器具的费用计算。

(七)丧葬费：按照医疗事故发生地规定的丧葬费补助标准计算。

(八)被扶养人生活费：以死者生前或者残疾者丧失劳动能力前实际扶养且没有劳动能力的人为限，按照其户籍所在地或者居所地居民最低生活保障标准计算。对不满16周岁的，扶养到16周岁。对年满16周岁但无劳动能力的，扶养20年；但是，60周岁以上的，不超过15年；70周岁以上的，不超过5年。

(九)交通费：按照患者实际必需的交通费用计算，凭据支付。

(十)住宿费：按照医疗事故发生地国家机关一般工作人员的出差住宿补助标准计算，凭据支付。

(十一)精神损害抚慰金：按照医疗事故发生地居民年平均生活费计算。造成患者死亡的，赔偿年限最长不超过6年；造成患者残疾的，赔偿年限最长不超过3年。

身体不适要及时告知长辈

未成年人如果发现自己身体有不适症状时，应及时告知父母或老师等身边的长辈，并详细向长辈描述自己的身体状况，不要自认为是小事情，或者因为羞涩等就强忍着。只有这样，才能及时就医，以确定身体不适的原因，及时就医能避免延误治疗时机而导致的病情加重。

长辈也不要忽视孩子身体上看似微小的不适感。在发现孩子身体不适后，不要随意自行处置，而应立即向专业人士咨询或者及时将孩子送往医院，保证孩子得到专业人员的帮助。即使孩子的身体不适不是由于疾病的原因，也可以防患于未然，并在下一次出现类似情况时知道应如何处理，以保障孩子的健康成长。

未成年是否享有名誉权和肖像权?

2005年3月20日，安徽省霍邱县叶集镇发生一起强奸(未遂)案。叶集公安分局立案后，于同年4月13日下午将犯罪嫌疑人朱某某抓获。当晚，叶集公安分局计划安排被害人对犯罪嫌疑人进行混合指认，要求被告叶集实验学校予以协助，提出需要数名与犯罪嫌疑人朱某某年龄相仿的初中男生配合指认。

当晚9时下自习时，叶集实验中学校长对该校初二(6)班班主任张爱民说明了此事。张爱民即带领张海涛(化名，12周岁)、刘海诚(化名，13周岁)、黄闽龙(化名，12周岁)、王军(化名，12周岁)、王朔(化名，13周岁)和李三(化名，12周岁)六人前往叶集公安分局。该局民警向张爱民及六位同学说明了混合指认的相关内容。张爱民在谈话笔录上签名后，六位同学按民警要求手举号牌与犯罪嫌疑人朱某某一起列队接受指认，这一过程被民警摄像和拍照。

次日，安徽电视台记者前往叶集公安分局采集新闻。叶集公安分局遂将本案指认过程的相关摄像资料等交给安徽电视台记者，未作任何交待。

2005年4月16日，安徽电视台“第一时间”栏目播报的新闻中，出现张海涛等六人手持号牌参与辨认的图像，面部无任何技术遮盖，时间约2秒。安徽电视台播报此新闻前未通知叶集公安分局和叶集实验学校。张海涛等六人先后看到该条新闻，随后即向学校及叶集公安分局提出异议，未果。后他们被同学和其他人以“嫌疑犯”和“几号强奸犯”等字眼称呼。叶集公安分局于2005年7月2日向叶集实验学校发出建议函，建议学校对六位同学予以表扬。2005年7月26日，张海涛等六人向法院提起诉讼，要求安徽电视台和叶集公安分局向他们赔礼道歉和赔偿精神损失。

最终法院判决：一、被告安徽电视台和被告叶集公安分局向原告张海涛、刘海诚、黄闽龙、王军、王朔和李三公开赔礼道歉，以消除影响、恢复名誉(内容须经该院审查许可)。两被告如不履行，该院将在安徽省省级报刊刊登该院生效判决书主文，相关费用由安徽电视台与叶集公安分局共同承担。二、被告安徽电视台与被告叶集公安分局共同向原告张海涛、刘海诚、黄闽龙、王军、王朔和李老三各支付精神抚慰金人民币6000元，合计36000元。①

本案中，叶集公安分局作为公安机关依法具有刑事案件侦查权，在侦破强奸犯罪刑事案件的过程中，因侦查需要安排张海涛等六名未成年人协助参与混合指认过程并拍照、录像，该行为本身并不违反法律规定。但在混合指认这一侦查活动结束后，向安徽电视台提供相关新闻资料时，公安机关应当认识到保护公民隐私权的必要，在提供影片时应及时做好相应的处理，同时也有义务特别提醒安徽电视台在播出时注意对图像进行相关技术处理，以保护六位未

---

① 案例改编自《中华人民共和国最高人民法院公报》，2007年第2期(总第124期)。

成年人的合法权益。但显然，叶集公安分局未尽到该义务。

安徽电视台作为新闻机构，也应当在新闻报道中注意保护相关公民尤其是未成年人的合法权益。但在播放涉案新闻时，电视台仅对犯罪嫌疑人朱某某的脸部画面作了某种程度技术处理，反而忽略了对六位配合公安机关指认的未成年同学脸部画面进行处理，使六位同学的脸部未加遮掩地直接显示于屏幕之上。尽管播出时间较短，也足以使对六位同学熟悉的人从电视画面上将他们认出。同时，电视这种大众传媒方式覆盖面非常广泛，该新闻内容传播到社会上产生了广泛影响。加之安徽电视台播出该新闻时未对六位同学协助公安机关进行混合指认的情况进行特别说明，普通公民也不知道什么是混合指认。看到新闻后，观众很容易产生“某某因为涉嫌强奸案被带到了公安局”的直观印象。因此，电视台的做法使得有些群众会对六位协助公安机关进行刑事侦查活动的同学产生不必要的误解，导致六位无辜的未成年人被他人冠以“强奸犯”称谓，进而其社会评价被严重降低，对其名誉权也造成了严重的损害结果。

名誉，是指人们对于公民或法人的品德、才干、声望、信誉和形象等各方面的综合评价。这些被维护的名誉是指具有人格尊严的名声，是人格的重要内容，受到法律的保护。所谓名誉权，是人们依法享有的对自己所获得的客观社会评价、排除他人侵害的权利。任何个人、媒体，不得发布捏造虚假信息、刊登诽谤新闻，否则构成名誉权侵害，而如果发布的是真实事件，则不构成名誉权侵害。

公民的名誉权主要包括以下方面：(1)任何新闻报道、图书、报刊在对真人真事进行报道、评论、传播时都不得与事实不符，影响公民原有的社会评价。(2)任何人都不得以侮辱、诽谤的方法，损害他人的名誉。(3)任何人不得捏造事实、陷害他人、败坏他人名誉。

名誉侵权主要有下列几种方式：侮辱、诽谤、泄露他人重要隐私等。侮辱是指用语言、文字或行动等方式，公然损害他人人格、毁坏他人名誉的行为，如用大字报、小字报、漫画或者用极其下流、肮脏的语言等形式辱骂、嘲讽他人、使他人的心灵蒙受耻辱等。诽谤是指捏造并散布某些虚假的事实，破坏他人名誉的行为，例如，毫无根据或捕风捉影地捏造他人作风不好，并四处损坏他人名誉，使他人精神受到很大痛苦。本案中，安徽电视台和叶集公安分局涉嫌以诽谤的方式侵犯了六位未成年同学的名誉权。

同时，肖像权是公民支配自己肖像的权利，是公民同意或不同意他人利用自己肖像的权利。根据法律规定，未经本人同意，不得以营利为目的使用公民的肖像。肖像权是自然人所享有的对自己的肖像所体现的人格利益为内容的一种人格权。肖像权包括公民有权拥有自己的肖像、对肖像的制作专有权和使用专有权。公民有权禁止他人非法使用自己的肖像或对其肖像权进行损害、玷污。侵犯肖像权需要符合两个要件：一是未经许可使用公民的肖像，二是以营利为目的。在该案中，六位同学作为未成年人享有肖像权，但是安徽电视台和叶集公安分局都不是以营利为目的使用张海涛等六位未成年同学的肖像，故不构成对六位同学肖像权的侵犯。

安徽电视台和叶集公安分局的行为侵犯了六位未成年同学的名誉权，并且对损害后果的发生主观上均存在过错，因此安徽电视台和叶集公安分局应当对其侵权行为所造成的损害后果承担民事赔偿责任。对于公民名誉权受到侵害的行为人，法院可以责令侵权人恢复名誉、消除影响、赔礼道歉、赔偿损失，但赔偿损失的幅度应当与侵权所造成不良影响的范围相当。安徽电视台和叶集公安分局都是由于过失对同学们造成侵权的，主观上并不存在故意侮辱、诽谤他人为自己谋利的目的。因此，法院最后判决，两被告共同给予每位原告人精神抚慰金各 6000 元，合计 36000 元，是合理、合法的。

在本案中，叶集实验中学应被告叶集公安分局的要求，指派老师带领张海涛等六位同学到公安局配合进行相关刑事案件的侦破，行为并无不当。对叶集公安分局在指认过程中拍摄、录像的行为，叶集实验中学无权干涉，也无法预见该影像资料会被新闻媒体不恰当地传播，被告安徽电视台播出涉案新闻前亦未通知叶集实验中学，故叶集实验中学的行为不构成对六位同学的侵权。

总之，虽然张海涛等六位同学为未成年人，但是依法也享有与其他成年公民同等的肖像权和名誉权等民事权利。当未成年人的肖像权、名誉权等民事权利受到侵害时，当事人应当积极维护自己权益，有关机关也应给予未成年人及时、平等的保护。

法律小课堂

——《中华人民共和国民法典》

第一百一十条　自然人享有生命权、身体权、健康权、姓名权、肖像权、名誉权、荣誉权、隐私权、婚姻自主权等权利。法人、非法人组织享有名称权、名誉权、荣誉权。

——《中华人民共和国未成年人保护法》

第四十九条　新闻媒体应当加强未成年人保护方面的宣传，对侵犯未成年人合法权益的行为进行舆论监督。新闻媒体采访报道涉及未成年人事件应当客观、审慎和适度，不得侵犯未成年人的名誉、隐私和其他合法权益。

第一百一十条　公安机关、人民检察院、人民法院讯问未成年犯罪嫌疑人、被告人，询问未成年被害人、证人，应当依法通知其法定代理人或者其成年亲属、所在学校的代表等合适成年人到场，并采取适当方式，在适当场所进行，保障未成年人的名誉权、隐私权和其他合法权益。

人民法院开庭审理涉及未成年人案件，未成年被害人、证人一般不出庭作证；必须出庭的，应当采取保护其隐私的技术手段和心理干预等保护措施。

胎儿是否享有继承权？

2013年1月14日，文A在山西打工时遇矿难死亡，留下遗产房屋一幢，位于新场村大总门组街上。2013年2月8日，文B不顾文A父母的反对，强行将文A房屋的门锁砸碎，并换了门锁强行入住。石某是文A的女朋友，还没有登记结婚，但是根据医院出具的检查报告单，证实石某已经怀孕且是单胎。

本案作为继承纠纷案，被法院立案审理。最终法院判决确认死者文A的遗产分配方案：房屋归文A的父母及石某的腹中胎儿共同共有。其中，文A的父母享有60%的份额，石某的腹中胎儿享有40%的份额。石某对胎儿的财产享有管理、使用权，承担监护责任。①

根据法律规定，胎儿享有继承权，分配遗产时也应当为胎儿保留其应继承的份额。本案中，石某怀孕的胎儿作为被继承人文A的子女，当然

① 案例改编自重庆市省秀山土家族苗族自治县人民法院〔2013〕秀法民初字第00856号民事判决书。

具有继承权。当然，如果胎儿出生时没有正常存活，则胎儿的继承权视为其自始不存在，由其他继承人再平均分配。

在遗产分配时，在没有遗嘱、遗赠或者遗赠扶养合同时，适用法定继承决定继承权。在法定继承中，配偶、子女、父母为第一顺序继承人。出生后的胎儿也属于子女。因此，在本案中，文A的父母与胎儿应该作为第一继承人共同继承遗产，文A的哥哥文B作为第二继承人，在有第一顺位继承人的情况下，并没有继承资格。但是，文A的女朋友石某与文A还并未登记结婚，因此不具有继承权。

一般来说，同一顺序继承人继承遗产的份额应当是均等的。但是，对于生活有特殊困难的缺乏劳动能力的继承人，分配遗产时应当予以照顾。对被继承人尽了主要扶养义务或者与被继承人共同生活的继承人，分配遗产时也可以多分。在本案中，文A的父母仍然有劳动能力并且经济收入也不低，不需要予以太多的照顾。而文A的孩子将来要由石某单独进行抚养，其在生活、经济方面将会面临很多困难。因此，最后法院判决给予石某腹中的胎儿更多的遗产份额是符合法律规定的。同时，在石某与文A的孩子年满18周岁以前，石某作为孩子的法定监护人，有权对孩子继承的财产在法律规定的范畴内进行合理的管理、使用。

法律小课堂

——《中华人民共和国民法典》

第十六条　涉及遗产继承、接受赠与等胎儿利益保护的，胎儿视为具有民事权利能力。但是，胎儿娩出时为死体的，其民事权利能力自始不存在。

第十九条　八周岁以上的未成年人为限制民事行为能力人，

实施民事法律行为由其法定代理人代理或者经其法定代理人同意、追认，但是，可以独立实施纯获利益的民事法律行为或者与其年龄、智力相适应的民事法律行为。

第二十条　不满八周岁的未成年人为无民事行为能力人，由其法定代理人代理实施民事法律行为。

第二十三条　无民事行为能力人、限制民事行为能力人的监护人是其法定代理人。

第一百二十四条　自然人依法享有继承权。

自然人合法的私有财产，可以依法继承。

第一千一百二十三条　继承开始后，按照法定继承办理；有遗嘱的，按照遗嘱继承或者遗赠办理；有遗赠扶养协议的，按照协议办理。

第一千一百二十六条　继承权男女平等。

第一千一百二十七条　遗产按照下列顺序继承：

(一)第一顺序：配偶、子女、父母；

(二)第二顺序：兄弟姐妹、祖父母、外祖父母。

继承开始后，由第一顺序继承人继承，第二顺序继承人不继承。

没有第一顺序继承人继承的，由第二顺序继承人继承。

本编所称子女，包括婚生子女、非婚生子女、养子女和有扶养关系的继子女。

本编所称父母，包括生父母、养父母和有扶养关系的继父母。本编所称兄弟姐妹，包括同父母的兄弟姐妹、同父异母或者同母异父的兄弟姐妹、养兄弟姐妹、有扶养关系的继兄弟姐妹。

第一千一百三十条　同一顺序继承人继承遗产的份额，一般应当均等。

对生活有特殊困难的缺乏劳动能力的继承人，分配遗产时，应当予以照顾。

对被继承人尽了主要扶养义务或者与被继承人共同生活的继承人，分配遗产时，可以多分。

有扶养能力和有扶养条件的继承人，不尽扶养义务的，分配遗产时，应当不分或者少分。

继承人协商同意的，也可以不均等。

第一千一百五十五条　遗产分割时，应当保留胎儿的继承份额。胎儿娩出时是死体的，保留的份额按照法定继承办理。

——《中华人民共和国未成年人保护法》

第一百零七条　人民法院审理继承案件，应当依法保护未成年人的继承权和受遗赠权。

人民法院审理离婚案件，涉及未成年子女抚养问题的，应当尊重已满八周岁未成年子女的真实意愿，根据双方具体情况，按照最有利于未成年子女的原则依法处理。

携带和销售管制刀具的危险

【案例一】小龙(化名，17 周岁)，在机场过安检时因发现非法携带管制刀具，被公安局特警支队行政拘留七日。①

【案例二】王先生发现儿子小蛮(化名，12 周岁)包中有三把小刀，经询问得知孩子是在学校附近某超市购买的。王先生十分气愤，认为超市不应向未成年人销售刀具，遂向公安机关举报了该超市。经调查发现孩子购买的刀不属于管制刀具。最后公安机关民警前往超市沟通，要求超市不将此刀放在显眼位置售卖，且不能不经家长同意将刀卖给未成年人。②

根据《管制刀具认定标准》的规定，管制刀具，是指匕首、三棱刀、弹簧刀(跳刀)及其他相类似的单刃、双刃、三棱尖刀。其中，匕首是指带有

---

① 案例改编自吉林市昌邑区人民法院〔2018〕吉 0202 刑初 533 号刑事判决书。

② 案例改编自《超市向未成年人卖刀遭质疑　民警：不属于管制刀具》，载腾讯网：https://new.qq.com/cmsn/20180410/20180410015169.html? pc，2020 年 4 月 25 日访问。

刀柄、刀格和血槽，刀尖角度小于 60 度的单刃、双刃或多刃尖刀。三棱刮刀则指具有三个刀刃的机械加工用刀具。带有自锁装置的弹簧刀(跳刀)是指刀身展开或弹出后，可被刀柄内的弹簧或卡锁固定自锁的折叠刀具。其他相类似的单刃、双刃、三棱尖刀是指刀尖角度小于 60 度，刀身长度超过 150 毫米的各类单刃、双刃和多刃刀具或者其他刀尖角度大于 60 度，刀身长度超过 220 毫米的各类单刃、双刃和多刃刀具。

在市面上销售管制刀具是需要办理相应的法定手续的，同时，即使有关店铺完成了销售管制刀具的有关程序，在对外销售有关产品时，也不能将管制刀具销售给未成年人，如果经营者难以判断购买者是否已成年的，应当要求其出示身份证件。如果发现购买者低于 18 周岁或者无法提供身份证件，则不应向其出售管制刀具。如果有商店向未成年人销售了管制刀具，无论其是出于故意还是无心，其都要接受严厉的处罚。因此销售管制刀具的商店应对购买者进行严格的筛选和判断，绝对不能将管制刀具出售给未成年人。

与此同时，未成年人也不能购买管制刀具。因为，未成年人购买刀具后，不出意外会将这些刀具携带在身上；而如果未成年人携带了管制刀具，无论是去往何处，都会遭受严厉的处罚。例如案例一中的小龙，因为携带管制刀具便接受了严重的处罚。

根据《中华人民共和国预防未成年人犯罪法》的规定，“严重不良行为”是指下列严重危害社会的违法行为：(1)结伙斗殴，追逐、拦截他人，强食硬要或者任意损毁、占用公私财物等行为；(2)非法携带枪支、弹药或者弩、旨首等国家规定的管理器具；(3)辱骂、殴打他人，或者故意伤害他人身体；(4)盗窃、哄抢、抢夺或者故意损毁公私财物；(5)传播淫秽的读物、音像制品或者信息等；(6)卖淫、嫖娼，或者进行淫秽表演；(7)吸食、注射毒品，或者向他人提供毒品；(8)参与赌博赌资较大；(9)其他严重危害社会的行为。未成年人有严重不良行为的，公安机关应当及时制止、处理，责令其父母或者其他监护人和学校相互配合，采取措施严加管教。对有严重不良行为依法不予处罚的未成年人，公安机关可以同时采取以下一项或者几项教育矫治措施：(1)予以训诫；(2)责令赔礼道歉、赔偿损失；(3)责令具结悔过；(4)责令特定期限内定期报告思想状况和活动情况；(5)责令遵守特定的行为规范，不得实施特定行为、与特定人员交往或者出入特定场所；(6)责令接受心理辅导、矫治或者其他治疗；(7)责令接受未成年人社会工作服务机构的观护帮教；(8)责令遵守其他促进未成年人遵纪守法的要求。公安机关作出上述规定的教育矫治决定，应当以实现教育矫治目的为必要，与未成年人严重不良行为的事实、性质、情节、危害程度以及人身危险性相当。其中，未成年人非法携带刀具显然属于“严重不良行为”，应进行严格惩罚和处理，以免类似情况再次发生。

可以说，未成年人购买管制刀具不仅会害了自己，也会使商家遭受处罚，这种行为应当杜绝。当然，也并不是所有的刀具都属于管制刀具，应明确管制刀具的范畴，不要“一棒子打死所有刀具”，对于一些对人体没有伤害的、仅供玩乐的刀具是可以销售和携带的。

法律小课堂

——《中华人民共和国治安管理处罚法》

第三十二条　非法携带枪支、弹药或者弩、匕首等国家规定的管制器具的，处五日以下拘留，可以并处五百元以下罚款；情节较轻的，处警告或者二百元以下罚款。

非法携带枪支、弹药或者弩、匕首等国家规定的管制器具进入公共场所或者公共交通工具的，处五日以上十日以下拘留，可以并处五百元以下罚款。

——《中华人民共和国刑法》

第一百三十条【非法携带枪支、弹药、管制刀具、危险物品危及公共安全罪】 非法携带枪支、弹药、管制刀具或者爆炸性、易燃性、放射性、毒害性、腐蚀性物品，进入公共场所或者公共交通工具，危及公共安全，情节严重的，处三年以下有期徒刑、拘役或者管制。

第二百九十七条【非法携带武器、管制刀具、爆炸物参加集会、游行、示威罪】 违反法律规定，携带武器、管制刀具或者爆炸物参加集会、游行、示威的，处三年以下有期徒刑、拘役、管制或者剥夺政治权利。

——《公安部对部分刀具实行管制的暂行规定》

第九条 严禁任何单位和个人非法制造、销售和贩卖匕首、三棱刀、弹簧刀等属于管制范围内的各种刀具。严禁非法携带上述刀具进入车站、码头、机场、公园、商场、影剧院、展览馆或其他公共场所和乘坐火车、汽车、轮船、飞机。

第十三条 违反本规定，非法制造、销售、携带和私自保存管制范围刀具的，公安机关应予取缔，收缴其刀具，并按照《中华人民共和国治安管理处罚法》予以治安处罚；有妨害公共安全行为，情节严重，触犯刑律的，依法追究刑事责任。

——《中华人民共和国未成年人保护法》

第五十五条 生产、销售用于未成年人的食品、药品、玩具、用具和游戏游艺设备、游乐设施等，应当符合国家或者行业标准，不得危害未成年人的人身安全和身心健康。上述产品的生产者应当在显著位置标明注意事项，未标明注意事项的不得销售。

第六十条　禁止向未成年人提供、销售管制刀具或者其他可能致人严重伤害的器具等物品。经营者难以判明购买者是否是未成年人的，应当要求其出示身份证件。

第一百二十三条　相关经营者违反本法第五十八条、第五十九条第一款、第六十条规定的，由文化和旅游、市场监督管理、烟草专卖、公安等部门按照职责分工责令限期改正，给予警告，没收违法所得，可以并处五万元以下罚款；拒不改正或者情节严重的，责令停业整顿或者吊销营业执照、吊销相关许可证，可以并处五万元以上五十万元以下罚款。

拒绝诱惑，从小开始

2018年6月27日，在深圳开展的控烟督查行动中，暗访人员发现，有学生在放学后走进一家名为“万众百货”的超市，并熟练地向店员买烟，整个过程只持续了几秒钟，而该过程中店员并没有进行劝阻，也没有通过查验学生的身份证来判断其是否成年。暗访人员将此过程用视频拍下，并向辖区马峦市场监管所举报。经过几天的走访，马峦市场监管所执法人员找到了视频中买烟的学生。经查实这名学生就读于龙翔学校初中一年级，是未成年人。2018年7月12日，马峦市场监管所执法人员根据《深圳经济特区控制吸烟条例》的规定，对商家处以3万元罚款。①

抽烟的危害性可以说是不言而喻的。长时间吸烟，不仅会损害身体，并且会提高各种疾病的发病率，使自己的免疫力降低，也可能会缩短自

---

① 案例改编自《全国首例！向未成年人售烟被罚3万!》，载《珠江时报》，https://baijiahao.baidu.com/s?id=1607300783101334562&wfr=spider&for=pc，2020年4月20日访问。

己的寿命。同时，一个人吸烟也会对身边的人造成一定的影响，旁边的人不经意间所吸到的二手烟的危害性是难以想象的。而未成年人处于身体发育的关键期，如果在此阶段抽烟对身体的伤害可以说是加倍的，而且，在未成年人身边的大多也是未成年人，他们吸二手烟所遭受的伤害也不小。

专家表示，青少年吸烟很容易成瘾，还会增加成年后罹患精神类疾病的风险。青少年期是脑部发育的关键时期，这期间是大脑的易损期，其与烟草相互作用，会致使青少年比成年人更容易吸烟成瘾。虽然烟瘾没有毒瘾的危害大，但是这种恶习也是不容忽视的。吸烟上瘾，不仅会使日后的吸烟量不断增大，而且会加重家庭特别是那些贫困家庭的经济负担，因为经常购买烟草也是一笔不小的开支。因此，无论从何种角度来看，未成年人抽烟都是百害而无一利的。

现在许多商店都不会在销售烟酒之前核实购买者的年龄，也不会因为吸烟者买烟时未满 18 岁而拒绝销售。同时，随着外卖平台和网络销售平台的出现和发展，烟草更加唾手可得。而未成年人具有强烈的好奇心以及同伴效应的影响，其越容易获得烟草，就越容易在未来养成习惯性的吸烟行为。

而酒水也是与香烟类似的，同理，未成年人也不应购买和饮用酒水。如果商家向未成年人销售烟酒，会接受严厉的处罚。同时，未成年人吸食烟酒属于不良行为，对于这种不良行为，应予以严肃的教育。

根据《中华人民共和国预防未成年人犯罪法》的规定，“不良行为”是指不利于未成年人身心健康成长，不予干预会日益严重的行为，具体包括：（1）吸烟、饮酒；（2）多次旷课、逃学；（3）无故夜不归宿、离家出走；（4）沉迷网络以至于影响正常学习和生活；（5）与社会上具有不良习性的人交往，组织或者参加实施不良行为的团伙；(6)进入法律、法规规定未成年人不宜进入的场所；(7)参与赌博或者变相赌博，或者参加封建迷信等不良活动；(8)观看、收听含有色情、淫秽、暴力、恐怖、极端等内容的读物、音像制品或者网络信息；(9)其他有害于未成年人身心健康成长的行为。如果未成年人出现此类不良行为，父母或者其他监护人应当及时发现并制止未成年人的不良行为，加强管教。同时，学校对有不良行为的未成年人应当加强教育、管理，不得歧视。对情节严重或者拒不改正的，学校可以根据情况予以纪律处分，同时采取以下一种或者几种管教措施：(1)由法治教师或者法治辅导员予以训导；(2)要求其遵守特定的行为规范；(3)要求其参加特定的专题教育；(4)由社会工作者或者其他专业人员进行帮教。其中，未成年人吸烟显然属于"不良行为"的一种，应进行严肃教育和管理。

不仅仅是烟酒，未成年人要杜绝一切诱惑，例如娱乐场所、互联网上网服务营业场所、游艺娱乐场所、购买彩票、赌博的诱惑。其中，彩票看似好像并不会对未成年人造成不良的影响，但是事实上购买彩票也会在一定程度上令人上瘾。购买彩票容易诱发未成年人的投机心理，严重影响其心理健康。同时，未成年人的自控力相对比较差，如果允许其任意购买彩票，很可能导致购买者上瘾，从而带来较为严重的社会后果以及连锁的不良反应。

虽然上网并不是不良行为，但是未成年人去互联网上网服务营业场所是不被允许的。同时，长期上网也会形成网瘾，这不仅会影响未成年人正常的学习、生活，也会对未成年人的身体、视力造成不良的影响。

因此，对进入娱乐场所、互联网上网服务营业场所以及购买烟酒和彩票等的人员规定法定最低年龄既可以保护未成年人的身心健康，也可以防止未成年人产生不良嗜好，从而避免其因不良嗜好而带来更严重的负面影响。

法律小课堂

——《中华人民共和国未成年人保护法》

第五十八条　学校、幼儿园周边不得设置营业性娱乐场所、酒吧、互联网上网服务营业场所等不适宜未成年人活动的场所。营业性歌舞娱乐场所、酒吧、互联网上网服务营业场所等不适宜未成年人活动场所的经营者，不得允许未成年人进入；游艺娱乐场所设置的电子游戏设备，除国家法定节假日外，不得向未成年人提供。经营者应当在显著位置设置未成年人禁入、限入标志；对难以判明是否是未成年人的，应当要求其出示身份证件。

第五十九条　学校、幼儿园周边不得设置烟、酒、彩票销售网点。禁止向未成年人销售烟、酒、彩票或者兑付彩票奖金。烟、酒和彩票经营者应当在显著位置设置不向未成年人销售烟、酒或者彩票的标志；对难以判明是否是未成年人的，应当要求其出示身份证件。

任何人不得在学校、幼儿园和其他未成年人集中活动的公共场所吸烟、饮酒。

第一百二十三条　相关经营者违反本法第五十八条、第五十九条第一款、第六十条规定的，由文化和旅游、市场监督管理、烟草专卖、公安等部门按照职责分工责令限期改正，给予警告，没收违法所得，可以并处五万元以下罚款；拒不改正或者情节严重的，责令停业整顿或者吊销营业执照、吊销相关许可证，可以并处五万元以上五十万元以下罚款。

政府保护篇

随着我国经济、社会的不断发展和全面改革，侵犯未成年人合法权益的事件时有发生，未成年人违法犯罪案件也一直处于高发态势。各地政府对未成年人保护的责任尤为重大、任务尤为繁重、工作尤为紧迫，因此，国家应全面加强对未成年人的各项制度保障，以政府为主导全方位调动社会各界的力量共同行动起来，为未成年人的健康发展支撑起美好的蓝天，为祖国民族的未来发展支撑起强大的希望。

国务院和地方各级人民政府应该为未成年人的成长构建公平、公正、良好的社会环境，应对未成年人的健康成长提供大力的支持和保护，其不仅要及时防范其违法犯罪行为，也应给未成年人提供完善、充分的公共资源和社会基础设施。

在对未成年人实施保护时，各级政府机关应划分各自的职责，各司其职，以更好地为未成年人保驾护航。各级政府和相关部门都应积极参与未成年人的保护工作，不仅要按照法律规定完成自己的职责和任务，还要提升保护未成年人的责任意识，主动帮助未成年人。

未成年人保护工作不断推进

【案例一】2017 年 11 月，全国首家“一站式”询问方式的未成年人保护工作站在宁波市鄞州区建成完工并投入使用。此未成年人保护工作站首创了检医合作的模式。一方面可以依托专业的医疗资源，第一时间确保对未成年被害人进行身体检查及心理疏导；另一方面可以保护未成年被害人的隐私权，为其开辟医疗绿色通道，最大限度减轻性侵害等犯罪行为给未成年被害人带来的伤害。可以说，这可以全面保护未成年人的隐私和自尊心，并在第一时间给予他们相应的医疗救助，这对他们的心理创伤愈合十分重要。据悉，该一站式询问未成年被害人办案模式被浙江省人民检察院列为全省推行模式，同时宁波市鄞州区检察院作为宁波首个试点单位，将与联合国儿童基金会共同召开全国未检工作会议，探讨未成年人保护和救助等相关议题。①

---

① 参见《全国首家“一站式”未成年人保护工作站揭秘》，载东方网：http：//news. eastday. com/eastday/13news/auto/news/china/20171121/u7ai7218578. html，2020 年 4 月 26 日访问。

【案例二】广东省在依照国家有关法律法规和《广东省未成年人保护条例》的相关规定的基础上，结合青少年维权工程的实施，根据广东省的实际情况和未成年人保护工作的需要，立足于努力形成包括党政部门、企事业单位、群体组织、社会机构、公民个人在内的保护未成年人健康成长的科学有效的工作体系和工作机制，以更好地推动本省未成年人保护事业为宗旨，提出关于推动建立未成年人保护工作协调机制的提案。其基本方案为：将维护未成年人合法权益、保护未成年人健康成长与预防未成年人违法犯罪工作紧密结合起来，由涉及未成年人成长发展的教育、公检法司、民政、劳动和社会保障、卫生、文化、广电、新闻出版、工商等职能部门以及共青团、少先队、关工委等群团组织为主要成员单位参与，建立健全未成年人保护工作协调机制和机构。①

现今，党和政府对未成年人的保护越来越重视，对未成年人保护的措施也越来越多，例如建立未成年人保护工作协调机制，设立未成年人保护工作站等。

近年来，我国越来越多的地区成立了未成年人保护工作站，例如浙江省、山西省等都完成了未成年人保护工作站的设立，大多未成年人保护工作站都出色地完成了其职责，也从某地区的试点推广到全省。总体来说，未成年人保护工作站的主要职责有：认真做好未成年人保护的宣传工作，努力营造良好的社会氛围；设立专业的未成年人督导员，并对其进行专业的培训，专门负责未成年人保护的具体工作；为未成年人保护中心提供困境未成年人的名单信息和

---

① 参见《广东省：关于推动建立未成年人保护工作协调机制的提案及有关说明》，载中国共青网：http：//www. ccyl. org. cn/zhuanti/qsnjy/taya/200902/t20090213_129946. htm，2020 年 4 月 26 日访问。

资料，辅助相关社工对困境未成年人及其家庭进行介入，组织开展各种各样、多姿多彩的专业服务和帮扶工作；加强各未成年人保护工作站之间的信息交流和合作，加强全市、全省、全国之间的联系，努力形成未成年人保护网络和联合反应机制等。

同时，在原先传统的未成年人保护工作站基础上创新了“一站式”询问的方式。“一站式”询问方式未成年人保护工作站的创立，首次创新了检医合作的模式，实现了一次性开展案件询问、身体检查、证据提取、心理疏导等工作，以方便后续办案单位在办案过程中调取材料，减少反复询问，也能及时为受害人提供治疗，这种方式可以有效预防和避免未成年受害人因再次回忆该不愉悦的事件而产生激动、害怕或者自卑的心理，也可以提高办案效率，并在第一时间内找到相应的被害人。这种方式给予了未成年受害人较高的保护，在实践中也获得了较大的成功，可以在全国范围进行适合地域特征的推广和适用。可以说，现今建立、完善和创新未成年人保护工作站以及工作站的开展方式对于保护未成年人有着极为重要的意义且可以从各方面起到较好的效益。因此有必要将未成年人保护工作站推广至全国各地，并应对未成年人保护工作站的工作方式不断进行创新，以更好地适应社会的发展和保障未成年人的权益。

保护未成年人是一项复杂的社会系统工程，涉及方方面面，仅仅依靠政府的一己之力很难对未成年人实施全面保护，需要国家机关、人民团体、民间组织、社区家庭、公民个人等社会各界的分工协作、共同努力。因此，建立未成年人保护工作协调机制也极为重要，这需要进一步加强与公安、法院、司法局、卫健局、民政局、团区委、妇联等部门的沟通协作，规范工作流程。在实施未成年人保护工作时，既要对职责、任务明确分工，也要优势互补，整合资源，形成合力，逐步建立健全沟通协调制度、联席会议制度、联络员制度、信息反馈制度、矛盾处理制度、快速解决纠纷制度等一系列规章制度，建立灵活高效、运作顺畅的未成年人保护工作协调机制，确保工作扎实有效。

在对未成年人实施保护工作时，既要采取传统的工作方式，例如明确未成年人保护的职能部门和指定未成年人保护的专门人员，并且加强对未成年人保护工作的检查督导，使得未成年人的保护工作可以长久地进行；同时也要鼓励开展未成年人保护工作的专项调研，在结合未成年人保护工作实际需求和现状的基础上，创新保护未成年人的工作方式，全方位保护未成年人。

法律小课堂

——《中华人民共和国未成年人保护法》

第八十一条　县级以上人民政府承担未成年人保护协调机制具体工作的职能部门应当明确相关内设机构或者专门人员，负责承担未成年人保护工作。

乡镇人民政府和街道办事处应当设立未成年人保护工作站或者指定专门人员，及时办理未成年人相关事务；支持、指导居民委员会、村民委员会设立专人专岗，做好未成年人保护工作。

第八十二条　各级人民政府应当将家庭教育指导服务纳入城乡公共服务体系，开展家庭教育知识宣传，鼓励和支持有关人民团体、企业事业单位、社会组织开展家庭教育指导服务。

国家监护职责谁承担?

【案例一】芳芳(女，化名，13 岁)的监护人是她的养母李某，但李某长期对小芳实施辱骂、殴打等家庭暴力行为，并强迫其彻夜捡拾废品，导致芳芳睡眠不足，严重影响了芳芳的生活和学习。同时，李某怠于履行监护职责，放任其男友王某对芳芳进行暴力殴打，导致芳芳多次遭受他人侵害。北京市西城区民政局发现该情况后，及时向法院提起了诉讼。经法院判决，此案确属依法应撤销其监护人资格的情形。但是，因芳芳自幼被李某捡拾并办理了收养手续，本案中不存在符合法律规定的其他依法具有监护人资格的个人或组织。西城区民政局所属的西城区救助管理咨询站作为临时庇护机构，在审讯的近一年时间来对芳芳给予了临时监护、生活照顾、学习帮助等。

根据最有利于未成年人的原则，为维护芳芳的合法权益，综合考虑其本人意愿，法院最终依法判决撤销李某作为芳芳监护人的资格，指定北京市西城区民政局为小芳的监护人。①

---

① 参见《北京首例民政部门申请撤销监护人资格案宣判》，载中国法院网：https：//www.chinacourt.org/article/detail/2017/10/id/3028945.shtml，2020 年 4 月 22 日访问。

【案例二】2015年9月，年仅10岁的雷雷(化名)辍学离家，开始在镇里流浪。在他流浪期间，雷雷的父亲周先生曾经试图让他回家居住，但遭拒绝。因为，在2012年时，周先生与雷雷母亲离婚，随后再婚。当时，雷雷主动跟了他，抚养权也归周先生。但在之后的生活中，雷雷变得让人非常不省心、不听话，父子俩逐渐变得对立，甚至水火不容。而雷雷一度想要跟随其母亲一起生活的意愿并没有达成，这使得雷雷实际上处于一种虽有父母而实质监护缺失的状态。

2016年9月，一场多部门参与的救助联席会议形成决议——由彭州市隆丰镇派出所向隆丰镇高皇村村委会致函，将雷雷的临时监护权委托给村委会。这使得11岁的雷雷有“家”了，也让彭州隆丰镇高皇村村委会获得了雷雷的临时监护权，在雷雷父母成为合格的监护人之前，村委会将负责对雷雷进行监护，这不仅意味着雷雷正式接受了国家监护，也代表着雷雷最终结束了其流浪的生活。①

监护人是指对无民事行为能力人和限制民事行为能力人的人身、财产和其他一切合法权益负有监护职责的人，其具体包括法定监护人、指定监护人、遗嘱监护人以及委托监护人。从被监护人的角度来看，监护人包括未成年人的监护人和精神病人的监护人两类。现今，我国也已明确了一套较为完整的未成年人监护制度，其是以家庭监护为主，国家监护为辅。

---

① 参见《村委会临时监护近一年　流浪少年依旧不回“家”》，载法制网：http：//www. legaldaily. com. cn/legal_case/content/2017-07/17/content_7246394. htm? node=81774，2020年4月25日访问。

表 4-1　　**未成年人监护人的类型**

<table>
<tr><th>种类</th><th>法定监护人</th><th>指定监护人</th><th>遗嘱监护人</th><th>委托监护人</th></tr>
<tr><td rowspan="4">继承顺序或方式</td><td>顺位 1：父母</td><td rowspan="2">如果未成年人没有近亲属或近亲属丧失监护能力的，有关单位或居委会、村委会可以从愿意承担监护责任的其他近亲属、朋友中指定监护人。</td><td rowspan="4">被监护人的父母担任监护人的，可以通过遗嘱指定监护人。</td><td rowspan="4">法定监护人或指定监护人因故暂时无法行使监护权的，可将监护职责部分或全部委托他人承担。</td></tr>
<tr><td>顺位 2：祖父母、外祖父母</td></tr>
<tr><td>顺位 3：成年的兄、姐</td><td rowspan="2">当近亲属对于由谁担任监护人发生争议时，有关单位、组织可以进行调解并从他们中间指定监护人。</td></tr>
<tr><td>顺位 4：其他愿意担任监护人的个人或者组织，但是须经未成年人住所地的居民委员会、村民委员会或者民政部门同意</td></tr>
</table>

对于没有表 4-1 中前三顺位的法定监护人、指定监护人、遗嘱监护人或委托监护人的未成年人，由未成年人的父母所在单位或未成年人住所地的居民委员会、村民委员会或者民政部门担任监护

人，这也就是所谓的国家监护。

近些年来，未成年人被监护人侵害、遗弃的恶性事件时有发生，有些未成年人得不到有效的监护和照管，身心健康状况堪忧，而这种情况更多发生在农村留守儿童、在押人员的子女等未成年人的身上。由于监护缺失，这些孩子不仅容易受外界不良环境的影响，也极易受到外部不良人员的侵害。因此，全力做好未成年人的监护工作，不单单是保护未成年人的基础性任务，也是解决未成年人社会问题的基本方式之一。

父母当然具有抚养和教育未成年子女的义务，但是国家也对未成年人的身心健康和全面发展负有一定的责任。当未成年人的父母以及其他亲属无法或者不愿意对其进行管教时，国家有义务和责任及时介入，采取最有利于未成年人的措施，像父母、亲人般保护未成年人。

具体来说，国家对于未成年人的保护应从以下几方面出发。第一，国家负有普及和推广家庭教育的职责，使成为父母或者即将成为父母的成年人更好地了解相关知识并掌握必备技巧，为家庭监护以及正确教育子女打下一个良好的基础。第二，对于能力薄弱、保障不力、能力不足的家庭，国家应当在职责范围之内尽力为其提供针对性的帮扶和服务。第三，当发现不履行监护职责或者侵害未成年人权益的情况时，国家应当采取措施予以劝诫、制止，必要时可以责令父母接受家庭教育指导，担负起监督家庭监护的职责。第四，国家还负有担任国家监护的职责。当父母暂时无法履行监护职责或者暂时或永久不适宜担任监护人时，可以由国家对未成年人进行临时监护或者长期监护，由国家代其更好地保障未成年人的权益。

可以说，国家监护制度的构建可以进一步完善未成年人监护制度和国家对未成年人的保护制度，以更好地促进未成年人的成长与发展。

在案例一中，芳芳就是急需关爱的一类未成年人。她是个孤儿，没有其他家人，只有一个收养她的养母，但她的养母不仅没有履行其监护义务，甚至帮助他人对她实施侵害行为，对芳芳造成了心理和身体上的伤害。在这种情况下，应撤销李某监护人资格。在李某被撤销监护人资格的同时，法院应为芳芳安排必要的临时监护措施，并按照最有利于芳芳的原则依法指定监护人。但是芳芳没有家人和亲属，法院只能为芳芳指定其他愿意担任芳芳监护人的个人或者组织作为其监护人，也就是采取国家监护中的临时监护。北京市西城区民政局在审讯的近一年时间里为芳芳提供了无微不至的照顾，是国家监护的一个成功典范，因此，由北京市西城区民政局作为芳芳的监护人十分有助于芳芳的成长。

民政局在发现芳芳被她的养母虐待后，及时向法院提出了撤销李某监护人资格的诉讼，这使芳芳不再继续受李某和王某的虐待。同时，在为芳芳提供临时监护时，民政局尽到了自己的义务，使芳芳可以在国家和社会的庇护下健康成长。可以说，国家监护在法定监护人不适当履行监护职责时成为了保护未成年的坚强壁垒。国家监护不仅保护了被家人伤害的未成年人，也督促着监护人更好地行使其监护权。随着国家工作人员素质的提高和法律制度的不断完善，相信越来越多没有被家庭所保护的未成年人可以在社会的保护下茁壮成长。

国家监护具体包含临时监护和长期监护。像案例一中的芳芳、案例二中的雷雷，都属于监护人不履行或者因故不能履行监护职责，且短期内无法指定或者不适合委托其他人代为照护导致未成年人无人照料的，应对其实施临时监护。一般情况下，临时监护期限不超过一年。如果临时监护期满后仍无法查明或者确定监护人的，由国家进行长期监护。如果发现父母确定丧失监护能力或者不再适合担任监护人且无其他依法具有监护人资格的人，国家进行补位和兜底，对未成年人进行长期监护，既可以将未成年人安置于相应机构内进行养育，符合相关条件的也可以对其采取寄养、送养的方式。

法律小课堂

——《中华人民共和国民法典》

第二十七条　父母是未成年子女的监护人。未成年人的父母已经死亡或者没有监护能力的，由下列有监护能力的人按顺序担任监护人：

（一）祖父母、外祖父母；

（二）兄、姐；

（三）其他愿意担任监护人的个人或者组织，但是须经未成年人住所地的居民委员会、村民委员会或者民政部门同意。

第三十二条　没有依法具有监护资格的人的，监护人由民政部门担任，也可以由具备履行监护职责条件的被监护人住所地的居民委员会、村民委员会担任。

第三十四条　监护人的职责是代理被监护人实施民事法律行为，保护被监护人的人身权利、财产权利以及其他合法权益等。监护人依法履行监护职责产生的权利，受法律保护。监护人不履行监护职责或者侵害被监护人合法权益的，应当承担法律责任。

第三十六条　监护人有下列情形之一的，人民法院根据有关个人或者组织的申请，撤销其监护人资格，安排必要的临时监护措施，并按照最有利于被监护人的原则依法指定监护人：

（一）实施严重损害被监护人身心健康行为的；

（二）怠于履行监护职责，或者无法履行监护职责并且拒绝将监护职责部分或者全部委托给他人，导致被监护人处于危困状态；

（三）实施严重侵害被监护人合法权益的其他行为的。

本条规定的有关个人、组织包括：其他依法具有监护资格的人，居民委员会、村民委员会、学校、医疗机构、妇女联合会、残疾人联合会、未成年人保护组织、依法设立的老年人组织、民政部门等。

前款规定的个人和民政部门以外的组织未及时向人民法院申请撤销监护人资格的，民政部门应当向人民法院申请。

第三十八条　被监护人的父母或者子女被人民法院撤销监护人资格后，除对被监护人实施故意犯罪的外，确有悔改表现的，经其申请，人民法院可以在尊重被监护人真实意愿的前提下，视情况恢复其监护人资格，人民法院指定的监护人与被监护人的监护关系同时终止。

——《中华人民共和国未成年人保护法》

第九十二条　具有下列情形之一的，民政部门应当依法对未成年人进行临时监护：

（一）未成年人流浪乞讨或者身份不明，暂时查找不到父母或者其他监护人；

（二）监护人下落不明且无其他人可以担任监护人；

（三）监护人因自身客观原因或者因发生自然灾害、事故灾难、公共卫生事件等突发事件不能履行监护职责，导致未成年人监护缺失；

（四）监护人拒绝或者怠于履行监护职责，导致未成年人处于无人照料的状态；

（五）监护人教唆、利用未成年人实施违法犯罪行为，未成年人需要被带离安置；

（六）未成年人遭受监护人严重伤害或者面临人身安全威胁，需要被紧急安置；

（七）法律规定的其他情形。

第九十三条　对临时监护的未成年人，民政部门可以采取委托亲属抚养、家庭寄养等方式进行安置，也可以交由未成年人救助保护机构或者儿童福利机构进行收留、抚养。

临时监护期间，经民政部门评估，监护人重新具备履行监护职责条件的，民政部门可以将未成年人送回监护人抚养。

第九十四条　具有下列情形之一的，民政部门应当依法对未成年人进行长期监护：

（一）查找不到未成年人的父母或者其他监护人；

（二）监护人死亡或者被宣告死亡且无其他人可以担任监护人；

（三）监护人丧失监护能力且无其他人可以担任监护人；

（四）人民法院判决撤销监护人资格并指定由民政部门担任监护人；

（五）法律规定的其他情形。

第九十五条　民政部门进行收养评估后，可以依法将其长期监护的未成年人交由符合条件的申请人收养。收养关系成立后，民政部门与未成年人的监护关系终止。

第九十六条　民政部门承担临时监护或者长期监护职责的，财政、教育、卫生健康、公安等部门应当根据各自职责予以配合。

县级以上人民政府及其民政部门应当根据需要设立未成年人救助保护机构、儿童福利机构，负责收留、抚养由民政部门监护的未成年人。

流浪儿童谁来管?

【案例一】在浙江省一个贫困的乡镇里，13岁的哥哥岩岩和9岁的弟弟丁丁原本可以过着与普通孩子一样快乐的童年。但是，他们的母亲在8年前离家出走，一直了无音信，他们的父亲又天天在外酗酒，几乎不回家。兄弟二人无人看管，也没有上学，整天在镇上瞎逛、流浪。由于没有经济来源，兄弟二人这些年人一直以偷盗为生，几乎偷遍全镇，后来甚至还偷到了银行。但是，由于他们二人都未满16周岁，因此都没有被判处刑罚。①

【案例二】10岁的旭旭被抛弃在街边，在热心人士发现他后，帮助旭旭联系了当地的公安机关，在政府工作人员的询问下，了解到旭旭的父母在五个月前离婚后，双方都不想要旭旭，最后将其抛弃。在政府的帮助下，旭旭被送往了救助站。在旭旭被救助站收留后，有人员对旭旭进行询问，旭旭表示自己在救助站能够吃饱穿暖，并且还认

① 案例改编自《谁来拯救他们?》，载网易网：http://news.163.com/15/0608/01/ARI5K32100014AED_mobile.html，2020年4月21日访问。

识了许多朋友，对在救助站的生活表示十分满意。①

流浪儿童通常是指未满18周岁，脱离家庭和监护人，流浪社会连续超过24小时，因失去基本生存条件和可靠生活保障而陷入困境的未成年人。

流浪儿童是社会弱势群体之一，虽然许多流浪儿童都被发现存在一些“不良嗜好”或者不符合法律规定的偏差行为，但是，不应该对其贴上“问题少年”等负面的标签。许多流浪儿童会作出不法行为是出于生活所迫，并不能直接认定他们都是“坏孩子”。

近年来，我国逐步建立了对流浪儿童的政府救助制度，例如通过《城市生活无着的流浪乞讨人员救助管理办法》《未成年人保护法》等法律法规确定了对于流浪儿童的救助方式。为了更好地、全面地保障流浪儿童的权益和成长，发现流浪儿童的人员或组织或者与流浪儿童相关的部门应当坚持从“儿童的最大利益”出发，将儿童的需求、儿童的成长、儿童的发展放在首位，一切以儿童的权益为先。当发现流浪儿童时可以从以下几方面进行处理。

第一，及时将流浪儿童送往流浪儿童救助站。流浪儿童救助站是与成年人的救助管理站分开，并且采取多部门合作管理方式的一种机构。流浪儿童救助站不仅有外界的经费支持，还有专业的人员、场所设施设备等资源。流浪儿童救助站可以在保障孩子们的日常物质需求的基础上，给他们提供合适的心理辅导和教育。保证孩子们的温饱固然十分重要，但是保障孩子们的心理健康和得到良好的教育，对孩子们更为重要。而流浪儿童救助站正好可以提供这些

① 案例改编自《救助站流浪儿不愿回家称在这能吃饱》，载新浪网：http：//news. sina. com. cn/s/2015-01-09/020631377689. shtml，2020年4月25日访问。

条件，因此将流浪儿童送往流浪儿童救助站是一个很好的选择。

第二，妥善安置流浪儿童。每个儿童流浪的原因都是不同的，要针对不同的具体情况，安置好流浪儿童。如果其是因为与家人走散而不幸流浪，则应尽可能帮助其找到家人，并尽量让其回归家庭。如果是因为被父母遗弃，且孩子还有其他家人时，也应及时将孩子遣送回家，让孩子可以重新回到大家庭的怀抱之中。如果是被家人抛弃，且没有其他亲友可以照顾孩子时，可以由流浪儿童救助站进行照顾，并尽力为流浪儿童找到适合的收养家庭，使其健康、快乐地成长。

第三，积极为条件较差的家庭提供力所能及的帮助，预防流浪儿童的出现。许多流浪儿童都是来自于单亲家庭、破碎家庭、无抚养能力家庭或者贫困家庭，那么，在日常的生活中，我们可以多给予这些家庭的孩子一些关爱和帮助，让他们在家庭中茁壮成长，避免被遗弃的惨剧发生。同时，也应积极进行一些普法宣传和教育工作，告知父母遗弃孩子的严重性以及如果经济能力不足以抚育孩子时应如何申请援助，从源头上减少流浪儿童的出现。

第四，做好流浪儿童的后续保障措施。对于被送往流浪儿童救助站的孩子要及时关注他们的状况，尤其要关注其是否出现了心理问题和孩子的教育水平是否与同龄人相似，以及是否有认真落实孩子未来的安置问题。对于被遣送回家的孩子，要关注其是否有再被抛弃的现象出现，以及是否在家庭中得到了应有的照顾。对于被收养的孩子，要关注其健康与成长，并且注意其是否有被虐待的情况。

流浪儿童与其他孩子一样，也是祖国的花朵，帮助他们拥有美好的未来也是国家和社会各界的责任。对于流浪儿童的保护要从各方面出发，不能有丝毫的懈怠，这不仅需要政府机关各部门的努力和配合，也需要各社会人士尽其所能出一份力。

在案例一中，对岩岩和丁丁较好的办法是规劝、教育其父母，使父母尽到自己的责任，但是在现实生活中大多很难实现。在此案中，虽然不知道岩岩和丁丁所在乡镇的政府和有关机构是否有对兄弟二人施以援手，但是至少它们并没有从根本上解决兄弟二人的困境。在岩岩和丁丁没有母亲在身边，而他们的父亲对他们不管不顾的情况下，政府应当承担保障其生活的责任。在该案中，兄弟两人的父母都没有尽到他们的监护责任，这时候政府相关机构应及时适用国家监护的法律规定，保护兄弟二人的合法权益。

在案例二中，旭旭也是一个流浪儿童，但是与案例一中的孩子们不同的是，雷雷得到了社会的帮助，被送到了流浪儿童救助站，并在其中得到了很好的照顾。相信在流浪儿童救助站的帮助下，雷雷一定可以健康、快乐地成长。

在案例一和案例二相比较之下，可以看出政府保护对于流浪儿童的重要性，如果岩岩和丁丁有政府的帮助，也许就不会误入歧途，实施不法行为了。因此，将流浪儿童及时送往流浪儿童救助站，由政府对流浪儿童进行保护和教育能最大程度地帮助流浪儿童。

同时，未成年人也应增强通过合法方式解决自身生存问题的能力，不能产生“我是孩子，除了偷就没办法”的想法。应该看到，很多的流浪儿童在艰难的处境下仍然顽强地生存下来并有了较好的成长，他们都表现出了同龄儿童难能可贵的坚强和乐观，树立了良好的榜样。

相信在法律日益健全、行政执法逐步完善、社会各方日渐重视之后，流浪儿童的问题一定会得到妥善的解决。每一朵祖国的花朵都可以在阳光的沐浴下健康成长。

法律小课堂

——《中华人民共和国未成年人保护法》

第三条　国家保障未成年人的生存权、发展权、受保护权、参与权等权利。

未成年人依法平等地享有各项权利，不因本人及其父母或者其他监护人的民族、种族、性别、户籍、职业、宗教信仰、教育程度、家庭状况、身心健康状况等受到歧视。

第十五条　未成年人的父母或者其他监护人应当学习家庭教育知识，接受家庭教育指导，创造良好、和睦、文明的家庭环境。

共同生活的其他成年家庭成员应当协助未成年人的父母或者其他监护人抚养、教育和保护未成年人。

第二十五条　学校应当全面贯彻国家教育方针，坚持立德树人，实施素质教育，提高教育质量，注重培养未成年学生认知能力、合作能力、创新能力和实践能力，促进未成年学生全面发展。

学校应当建立未成年学生保护工作制度，健全学生行为规范，培养未成年学生遵纪守法的良好行为习惯。

第八十四条　各级人民政府应当发展托育、学前教育事业，办好婴幼儿照护服务机构、幼儿园，支持社会力量依法兴办母婴室、婴幼儿照护服务机构、幼儿园。

县级以上地方人民政府及其有关部门应当培养和培训婴幼儿照护服务机构、幼儿园的保教人员，提高其职业道德素质和业务能力。

——《城市生活无着的流浪乞讨人员救助管理办法》

第五条　公安机关和其他有关行政机关的工作人员在执行职务时发现流浪乞讨人员的，应当告知其向救助站求助；对其中的残疾人、未成年人、老年人和行动不便的其他人员，还应当引导、护送到救助站。

第十二条　受助人员住所地的县级人民政府应当采取措施，帮助受助人员解决生产、生活困难，教育遗弃残疾人、未成年人、老年人的近亲属或者其他监护人履行抚养、赡养义务。

——《中华人民共和国义务教育法》

第二条　国家实行九年义务教育制度。

义务教育是国家统一实施的所有适龄儿童、少年必须接受的教育，是国家必须予以保障的公益性事业。

第四条　凡具有中华人民共和国国籍的适龄儿童、少年，不分性别、民族、种族、家庭财产状况、宗教信仰等，依法享有平等接受义务教育的权利，并履行接受义务教育的义务。

第五条　各级人民政府及其有关部门应当履行本法规定的各项职责，保障适龄儿童、少年接受义务教育的权利。

适龄儿童、少年的父母或者其他法定监护人应当依法保证其按时入学接受并完成义务教育。

依法实施义务教育的学校应当按照规定标准完成教育教学任务，保证教育教学质量。

社会组织和个人应当为适龄儿童、少年接受义务教育创造良好的环境。

第十一条　凡年满六周岁的儿童，其父母或者其他法定监护人应当送其入学接受并完成义务教育；条件不具备的地区的儿童，可以推迟到七周岁。

适龄儿童、少年因身体状况需要延缓入学或者休学的，其父母或者其他法定监护人应当提出申请，由当地乡镇人民政府或者县级人民政府教育行政部门批准。

第二十一条　对未完成义务教育的未成年犯和被采取强制性教育措施的未成年人应当进行义务教育，所需经费由人民政府予以保障。

——《中华人民共和国教育法》

第十九条　国家实行九年制义务教育制度。

各级人民政府采取各种措施保障适龄儿童、少年就学。

适龄儿童、少年的父母或者其他监护人以及有关社会组织和个人有义务使适龄儿童、少年接受并完成规定年限的义务教育。

第三十八条　国家、社会对符合入学条件、家庭经济困难的儿童、少年、青年，提供各种形式的资助。

第四十条　国家、社会、家庭、学校及其他教育机构应当为有违法犯罪行为的未成年人接受教育创造条件。

第四十六条　国家机关、军队、企业事业组织、社会团体及其他社会组织和个人，应当依法为儿童、少年、青年学生的身心健康成长创造良好的社会环境。

特殊人群的特殊照顾

13 岁的阿成（化名）和 15 岁的阿鹏（化名）自小患有智力障碍的疾病，不能像正常孩子一样上学。看着兄弟俩整天待在家里，父母急在心头。在四方求助无果的情况下，2007 年 8 月 15 日，父亲邵某来到省妇联，请求为孩子联系残疾人学校上学事宜。

经过多方咨询，查找各类残疾人学校的相关信息，并及时与相关部门联系，省妇联工作人员为邵某提供了省特殊教育学校、县职业技术学校残疾人培训班、省某智障人士社区服务工作站三个地方。但因两个孩子早期未接受过系统的康复治疗与训练，随班就读有一定困难，最终，邵某将两个孩子送进了省某智障人士社区服务工作站托养、教育、训练。在学校接受了一段时间的教育后，阿成和阿鹏不仅学习到了如何识文断字与盲文书写，也认识到了许多新朋友。①

---

① 案例改编自《这些悲剧给学校保护未成年人成长敲响哪些警钟?》，载百度网：https：//zhidao. baidu. com/question/229296374. html，2020 年 4 月 26 日访问。

特殊儿童，是指与正常儿童在各方面有显著差异的各类儿童，这些差异可表现在智力、感官、情绪、肢体、行为或言语等方面，其中既包括低于儿童正常发展水平的儿童，也包括高于儿童正常发育水平的儿童以及有轻微违法犯罪的儿童。

特殊教育，是指运用特殊的方法、设备和措施对特殊的对象进行的教育。一般情况下，特殊教育是指针对身心有缺陷的人，包括盲人、听障人(聋人)、弱智儿童以及问题儿童所实施的教育，并从经济资助、科学研究、师资和设备等方面支持这类教育。而特殊教育学校，一般是由政府、企业事业组织、社会团体、其他社会组织及公民个人依法举办的专门针对残疾儿童、青少年实施的义务教育机构。这类教育机构一般有盲人学校、聋人学校、肢残和畸形儿童学校、语言障碍儿童训练中心、森林学校、疗养学校、特殊学校、低能儿学校、工读学校、儿童感化院，以及附设在普通学校的特殊班级等。

特殊儿童在身体或者智力上可能存在一定的缺陷，但是我们不能用异样的眼光看待特殊儿童，而应该综合各方面更好地照顾特殊儿童。

首先，家长要认清孩子的现状，并关爱和尊重特殊儿童。有些家长不愿意承认自己孩子有问题，进而不愿意送孩子进行“治疗”，这可能这会导致孩子的病情加重。对于特殊儿童，家长应及时按孩子的情况将孩子送往医院或者特殊教育学校。有些家长认为将孩子送往这种特殊教育学校会觉得羞耻或难堪，一时半会儿接受不了这个事实，而且认为自己的孩子一旦被送进这类特殊教育学校就会被认定为残疾儿童了，也会打击到孩子的内心，同时父母的自尊心也会受到伤害。

其次，要引导孩子正视自己。正所谓，世界上没有绝对公平的事情，每个人都会有属于自己的苦难，我们需要做的是正确面对自己的苦难，并且勇敢地与之抗争。身体的缺陷并不意味着低他人一等，或许并不完美，但却是上天赠与的一种“特殊礼物”，要相信，命运在关上一扇门的同时也会为你打开一扇窗。或许身体的这种状况是无法改变的，也是无法选择的，但是自己未来的发展和内心的状态是可以通过自身努力改善的。

再次，要将特殊儿童及时送往医院或者特殊教育学校接受应有的治疗或者教育。医院有专业的医护人员可以对残疾儿童进行专业的治疗，能在最大程度上让特殊儿童更加健康。而特殊教育学校有专业的教师和教育方法，能让孩子得到适合自己的教育，以便他们更好地融入社会以及为未来的发展做准备。特殊教育学校实行特殊教育，一般由经特殊培训的教师使用经过特别设计的课程、教材、教法和教学组织形式及教学设备，以最大程度地满足特殊儿童的教育需要，激发他们的潜能，使他们增长知识、获得技能、完善人格，增强社会适应能力，成为对社会有用的人才。虽然，如今的特殊教育学校还存在着这样或那样的缺陷，但是相信在各部门、各社会人士的帮助下，特殊教育学校一定会取得更好的发展。

最后，要养成全社会尊重特殊儿童的风尚和习俗。特殊儿童是社会中急需帮助的弱势群体，他们大多渴望得到别人的关爱和帮助。残疾人不是社会的“拖油瓶”，他们有着自己的梦想和追求，同样能够拥有自己的事业，成为社会的佼佼者。各媒体以及社会有关部门应向全社会宣传残疾人自强不息的故事，例如，张海迪、邰丽华、金晶等人虽身有残疾，但都秉持着自强不息、乐观向上的人生态度，以百折不挠的拼搏精神，获得了成功，也赢得了大家的掌声。相信通过这些人物经历的宣传，全社会对特殊儿童的看法会有所改观，会更加尊重特殊儿童，对他们施以更多的帮助。与此同时，也要对特殊儿童的家人以及相关机构进行普法教育，使得特殊儿童在家人及相关机构的帮助下，获得合法、全面的保护和支持。

相信在全社会的帮助下，一定会极大地改善特殊儿童的心理状态，同时也能更好地改善和促进特殊儿童的生活质量。

在本案中，阿成和阿鹏虽然智力有些问题，但是家人并没有因此而嫌弃或者抛弃他们，而是尽其最大的努力，为孩子们的将来考虑，为他们选择最适合的教育，为他们未来的发展奠定坚实的基础。但是，阿成和阿鹏并没有在适当的年龄接受应有的义务教育，这是其父母和当地政府的失职。当地政府在今后进行涉及特殊儿童的工作时，应做好相关的信息统计等工作，并安排适龄的特殊儿童接受义务教育和高等教育。同时，有关部门也要及时向特殊儿童的家人进行必要的普法教育，让他们明白如何做才是最有利于孩子的。

法律小课堂

——《中华人民共和国宪法》

第四十五条　中华人民共和国公民在年老、疾病或者丧失劳动能力的情况下，有从国家和社会获得物质帮助的权利。国家发展为公民享受这些权利所需要的社会保险、社会救济和医疗卫生事业。

国家和社会保障残废军人的生活，抚恤烈士家属，优待军人家属。

国家和社会帮助安排盲、聋、哑和其他有残疾的公民的劳动、生活和教育。

——《中华人民共和国教育法》

第九条　中华人民共和国公民有受教育的权利和义务。

公民不分民族、种族、性别、职业、财产状况、宗教信仰等，依法享有平等的受教育机会。

——《中华人民共和国未成年人保护法》

第八十三条　各级人民政府应当保障未成年人受教育的权利，并采取措施保障留守未成年人、困境未成年人、残疾未成年人接受义务教育。

对尚未完成义务教育的辍学未成年学生，教育行政部门应当责令父母或者其他监护人将其送入学校接受义务教育。

第八十六条　各级人民政府应当保障具有接受普通教育能力、能适应校园生活的残疾未成年人就近在普通学校、幼儿园接受教育；保障不具有接受普通教育能力的残疾未成年人在特殊教育学校、幼儿园接受学前教育、义务教育和职业教育。

各级人民政府应当保障特殊教育学校、幼儿园的办学、办园条件，鼓励和支持社会力量举办特殊教育学校、幼儿园。

——《中华人民共和国残疾人教育条例》

第三条　残疾人教育是国家教育事业的组成部分。

发展残疾人教育事业，实行普及与提高相结合、以普及为重点的方针，保障义务教育，着重发展职业教育，积极开展学前教育，逐步发展高级中等以上教育。

残疾人教育应当提高教育质量，积极推进融合教育，根据残疾人的残疾类别和接受能力，采取普通教育方式或者特殊教育方式，优先采取普通教育方式。

第八条　残疾人家庭应当帮助残疾人接受教育。

残疾儿童、少年的父母或者其他监护人应当尊重和保障残疾儿童、少年接受教育的权利，积极开展家庭教育，使残疾儿童、少年及时接受康复训练和教育，并协助、参与有关教育机构的教育教学活动，为残疾儿童、少年接受教育提供支持。

第九条　社会各界应当关心和支持残疾人教育事业。残疾人所在社区、相关社会组织和企事业单位，应当支持和帮助残疾人平等接受教育、融入社会。

第十二条　各级人民政府应当依法履行职责，保障适龄残疾儿童、少年接受义务教育的权利。

县级以上人民政府对实施义务教育的工作进行监督、指导、检查，应当包括对残疾儿童、少年实施义务教育工作的监督、指导、检查。

第十三条　适龄残疾儿童、少年的父母或者其他监护人，应当依法保证其残疾子女或者被监护人入学接受并完成义务教育。

第十四条　残疾儿童、少年接受义务教育的入学年龄和年限，应当与当地儿童、少年接受义务教育的入学年龄和年限相同；必要时，其入学年龄和在校年龄可以适当提高。

第十五条　县级人民政府教育行政部门应当会同卫生行政部门、民政部门、残疾人联合会，根据新生儿疾病筛查和学龄前儿童残疾筛查、残疾人统计等信息，对义务教育适龄残疾儿童、少年进行入学前登记，全面掌握本行政区域内义务教育适龄残疾儿童、少年的数量和残疾情况。

第十六条　县级人民政府应当根据本行政区域内残疾儿童、少年的数量、类别和分布情况，统筹规划，优先在部分普通学校中建立特殊教育资源教室，配备必要的设备和专门从事残疾人教育的教师及专业人员，指定其招收残疾儿童、少年接受义务教育；并支持其他普通学校根据需要建立特殊教育资源教室，或者安排具备相应资源、条件的学校为招收残疾学生的其他普通学校提供必要的支持。

县级人民政府应当为实施义务教育的特殊教育学校配备必要的残疾人教育教学、康复评估和康复训练等仪器设备，并加强九年一贯制义务教育特殊教育学校建设。

第十七条　适龄残疾儿童、少年能够适应普通学校学习生活、接受普通教育的，依照《中华人民共和国义务教育法》的规定就近到普通学校入学接受义务教育。

适龄残疾儿童、少年能够接受普通教育，但是学习生活需要特别支持的，根据身体状况就近到县级人民政府教育行政部门在一定区域内指定的具备相应资源、条件的普通学校入学接受义务教育。

适龄残疾儿童、少年不能接受普通教育的，由县级人民政府教育行政部门统筹安排进入特殊教育学校接受义务教育。

适龄残疾儿童、少年需要专人护理，不能到学校就读的，由县级人民政府教育行政部门统筹安排，通过提供送教上门或者远程教育等方式实施义务教育，并纳入学籍管理。

第四十条　县级以上人民政府应当重视从事残疾人教育的教师培养、培训工作，并采取措施逐步提高他们的地位和待遇，改善他们的工作环境和条件，鼓励教师终身从事残疾人教育事业。

县级以上人民政府可以采取免费教育、学费减免、助学贷款代偿等措施，鼓励具备条件的高等学校毕业生到特殊教育学校或者其他特殊教育机构任教。

第四十一条　从事残疾人教育的教师，应当热爱残疾人教育事业，具有社会主义的人道主义精神，尊重和关爱残疾学生，并掌握残疾人教育的专业知识和技能。

第四十二条　专门从事残疾人教育工作的教师(以下称特殊教育教师)应当符合下列条件:

(一)依照《中华人民共和国教师法》的规定取得教师资格;

(二)特殊教育专业毕业或者经省、自治区、直辖市人民政府教育行政部门组织的特殊教育专业培训并考核合格。

从事听力残疾人教育的特殊教育教师应当达到国家规定的手语等级标准,从事视力残疾人教育的特殊教育教师应当达到国家规定的盲文等级标准。

第四十七条　省、自治区、直辖市人民政府应当根据残疾人教育的特殊情况,依据国务院有关行政主管部门的指导性标准,制定本行政区域内特殊教育学校的建设标准、经费开支标准、教学仪器设备配备标准等。

义务教育阶段普通学校招收残疾学生,县级人民政府财政部门及教育行政部门应当按照特殊教育学校生均预算内公用经费标准足额拨付费用。

保障未成年人的职业发展

远志（化名，15周岁）在普通高中就读高一时，成绩特别差，并且不遵守学校行为规范，不服管教，曾与多个老师发生过多次争执。远志的班主任刘老师发现他比较聪明，动手能力也较强，因此推荐远志就读高等职业学校学习电子电器应用与维修专业。经过三年的学习，远志的成绩名列前茅，学习到了修理电器的专业技能。在毕业后，远志去了一家大型企业当了一名专业的电器维修员，并成为行业里的佼佼者。①

职业教育是指对受教育者实施可从事某种职业或生产劳动所必需的职业知识、技能和职业道德的教育，其包括职业学校教育和职业培训。职业学校教育是学历性的教育，分为初等、中等和高等职业学校教育。具体来讲，职业教育的优势有以下几点。

第一，职业教育的门槛较低。其一是职业教

① 案例改编自《中职后进生转化的典型案例》，载东城教研：http：//www.bjdcfy.com/qita/wtxszhal/2017-1/764863.html，2020年4月26日访问。

育对于学习者的学历要求低，无论是初中生、高中生、中专生、大专生还是无业的成年人都可以参与职业教育，学习或者提升技能，以获得更多、更好的就业机会。其二是职业教育可以零门槛、零基础地学习，学习者无须理论或者技术基础，只要学习者对于培训内容感兴趣，未来想要从事该行业，都可学习，零基础一样能学好技术，自信步入职业生涯。

第二，职业教育的学习时间较短，投资回报较高。职业教育一般只需要 1 年左右的学习时间，其以实战教学为导向，针对各人选择的专业，训练符合社会、符合企业需求的专业人才。同时，一般职业教育每年的投入费用为 1 万~2 万元，如果选择的专业较符合当时的社会发展、较受欢迎，则可以在短时间内迅速获得较高的收入。因此，职业教育的学习成本是相对较低的，而且回报较快，可以快速解决就业、待业等问题。

第三，接受职业教育的人才能更快地适应社会发展的需求。其实无论是职业教育还是普通教育，都是为以后的就业做准备，而职业教育在就业方面比普通教育有更大的优势。现今的职业教育是与社会的需求紧密结合的，职业教育的专业设置也具有较高的灵活性，社会需要什么专业，大多职业教育学校就可以设置什么专业，若社会淘汰某一专业，职业教育学校也可以很快地转变这一专业的方向和教导方式来适应社会。同时，职业教育是一种以“技术技能”为导向的教育类型。职业教育是为适应某种职业而进行的专业知识、技能和职业道德的教育，使受教育者可以成为社会职业真正所需的应用型人才。

虽然职业教育有很多的优点，但是并不是所有人都适合职业教育。有些人可能动手能力不强，有些人更适合做文案工作或者创新工作，因而不适合进行职业教育。对于不同的学生应该采取“因人制宜、因材施教”的方式，从而确定每个学生应接受的教育。譬如说本案中的远志，在普通学校并不是一个“好学生”，但是他动手能力较强，对实操类的工作也较为感兴趣，因此就读高等职业学校十分适合他。在高等职业学校学习能让远志学习到其对他未来发展有用的专业知识，有利于他的未来发展。

我们不能因为看到职业教育的优点，而盲目地进行职业教育；也不能无理地鄙弃进行职业教育的人，认为他们是因为学习成绩不好或者想偷懒走捷径，所以才进行职业教育。正所谓，职业没有高低之分，教育也没有优劣之别，只要是适合自己的，符合未来发展的就是最好的。

法律小课堂

——《中华人民共和国未成年人保护法》

第八十五条　各级人民政府应当发展职业教育，保障未成年人接受职业教育或者职业技能培训，鼓励和支持人民团体、企业事业单位、社会组织为未成年人提供职业技能培训服务。

——《中华人民共和国残疾人教育条例》

第二十七条　残疾人职业教育应当大力发展中等职业教育，加快发展高等职业教育，积极开展以实用技术为主的中期、短期培训，以提高就业能力为主，培养技术技能人才，并加强对残疾学生的就业指导。

第二十八条　残疾人职业教育由普通职业教育机构和特殊职业教育机构实施，以普通职业教育机构为主。

县级以上地方人民政府应当根据需要，合理设置特殊职业教育机构，改善办学条件，扩大残疾人中等职业学校招生规模。

第二十九条　普通职业学校不得拒绝招收符合国家规定的

录取标准的残疾人入学，普通职业培训机构应当积极招收残疾人入学。

县级以上地方人民政府应当采取措施，鼓励和支持普通职业教育机构积极招收残疾学生。

第三十条　实施残疾人职业教育的学校和培训机构，应当根据社会需要和残疾人的身心特性合理设置专业，并与企业合作设立实习实训基地，或者根据教学需要和条件办好实习基地。

未成年人违法犯罪信息查询系统全面上线

近年来，呼和浩特市内侵害未成年人犯罪案件呈上升趋势，部分案件对未成年人及其家庭造成了巨大伤害，严重影响了人民群众的安全感。为了最大程度保护未成年人的合法权益，根据呼和浩特市人民检察院、中级人民法院、公安局、司法局、教育局5部门共同会签的《侵害未成年人利益违法犯罪人员信息查询实施办法》，呼和浩特市人民检察院技术信息部和第九检察部历时2个月设计、研发、完成的侵害未成年人违法犯罪信息查询系统于2019年12月初正式上线，为广大未成年人筑起一道“防火墙”。查询系统可供幼儿园、小学、初中、幼儿及儿童培训机构等教育单位、社会救助机构、体育馆等经常接触未成年人的行业进行入职查询。目前，该系统源代码已经向全国各级检察机关开放，旨在通过各地检察同仁共同扩充，完善违法犯罪信息数据库，不断加高未成年人司法保护的防火墙，与教育、司法等部门共同为未成年人构筑成长的安全岛。①

---

① 参见《呼和浩特侵害未成年人违法犯罪信息查询系统上线》，载正北方网：http：//www. northnews. cn/p/1794512. html，2020年4月28日访问。

实施侵害未成年人的不法行为，不仅会伤害到未成年人的身体健康，更会侵害未成年人的心理健康，以及引起极大的社会影响。为了最大程度地保护未成年人的合法权益，限制曾经侵害未成年人权益的违法犯罪人员有机会密切接触未成年人，是势在必行的。

侵害未成年人违法犯罪人员信息查询系统通过结合智慧公安等系统，借助信息化手段实现相关职业的从业禁止信息的管理，经过统一查询，并与教育机构、社会救助机构等职能部门对接，建立与未成年人相关的特殊行业或岗位人员入职程序犯罪记录查询机制，诸如针对学校教师、安保人员、保洁、厨师等与未成年人有密切接触的人员进行入职审查，提高其品行评估的准确性。审查申请入职的人员是否有性侵害、虐待、暴力伤害等严重侵害未成年人行为的前科情况，其中包括强奸、强制猥亵、侮辱、猥亵、虐待、伤害儿童等犯罪前科，也包括猥亵行为等行政处罚前科，将有侵害未成年人前科的人员拒之门外。有关部门可通过“黑名单信息库”，限制招录有不良记录的人员。当然，为了保护未成年人的隐私，以及保护未成年人不被流言蜚语所影响，未成年被害人的相关信息不能在数据库中显示。

现如今，不仅呼和浩特市建立了侵害未成年人违法犯罪人员信息查询系统，上海市、广东省、浙江省也都相继构建了侵害未成年人违法犯罪人员信息查询系统。幼儿园、小学、初中、幼儿及儿童培训机构等教育单位、医疗机构、社会救助机构、体育场馆、出租车行业等经常接触未成年人的单位，在聘用人员时，可以根据情况向行业主管部门申请，在审批通过后可以进行查询，数据库中的相关信息可作为以上行业单位聘用人员时的参考。

现如今，大多地区的侵害未成年人违法犯罪人员信息查询系统虽然还处于试验起步阶段，但是其已经发挥了极大的作用，且为未成年人的健康成长提供了较强的保障。可以说，这个系统的出现和发展对于未成年人的成长有着极大的帮助，如果能正确且合理地运用此系统，一定能在各个场所保护未成年人的身心健康。

法律小课堂

——《中华人民共和国未成年人保护法》

第九十七条　县级以上人民政府应当开通全国统一的未成年人保护热线，及时受理、转介侵犯未成年人合法权益的投诉、举报；鼓励和支持人民团体、企业事业单位、社会组织参与建设未成年人保护服务平台、服务热线、服务站点，提供未成年人保护方面的咨询、帮助。

第九十八条　国家建立性侵害、虐待、拐卖、暴力伤害等违法犯罪人员信息查询系统，向密切接触未成年人的单位提供免费查询服务。

——浙江省慈溪市《性侵害未成年人犯罪人员信息公开实施办法》

对符合条件的实施严重性侵害未成年人行为的犯罪人员，在其刑满释放后或者假释、缓刑期间，通过发文各单位的门户网站、微信公众号、微博等渠道对其个人信息进行公开，方便公众随时查询，警示犯罪，预防未成年人受到性侵害。

司法保护篇

未成年人的司法保护，是指公安机关、人民检察院、人民法院和司法行政部门在开展办理涉未成年人案件的过程中，应遵循“双向保护”原则，保护涉嫌违法犯罪的未成年人加害人以及未成年被害人的合法权益。一方面，应严厉打击犯罪，追究犯罪人的刑事责任，保护被害人的合法权益；另一方面，应设置灵活多样的办案方式，充分保护未成年被害人的个人隐私与相关信息，将教育、挽救未成年犯罪嫌疑人与保护未成年被害人并重。

公安机关、人民检察院、人民法院和司法行政部门应重视对于未成年人的司法保护工作，各单位应当根据需要和要求明确专门机构或者指定专门人员，负责办理有关未成年人的案件。应对办理涉及未成年人案件的人员进行专门培训，使他们不仅熟知未成年人的身心特点，也能熟练运用相关的法律法规。当然，这些专门机构或者专门人员中，应当有女性工作人员，以更好地保护女性未成年人的权益。与此同时，国家也应鼓励和支持未成年人保护、社会工作服务等相关社会组织的成立与发展，并鼓励其积极参与对涉案未成年人和未成年被害人的心理干预、法律援助、社会调查、社会观护、教育矫治、社区矫正等工作。公安机关、人民检察院、人民法院和司法行政部门也应当监督有关单位、组织进行涉及未成年人的工作，如果其发现有关单位未尽到对未成年人教育、管理、救助、帮助等保护职责的，应当向该单位提出建议并督促其改善。

对未成年人违法犯罪案件的处理，应实行教育、感化、挽救的方针，坚持教育为主、惩罚为辅的原则。刑事诉讼程序中对年龄的严格核查、缓刑和社区矫正的特殊适用、附条件不起诉、分案起诉与分别执行、合适成年人到场、强制辩护、犯罪记录封存等都体现了对未成年人的特殊司法保护原则。

未成年犯罪嫌疑人年龄对逮捕的影响

2010 年 10 月 1 日下午，冯宝(化名)乘坐本村村民冯军(化名)驾驶的两轮摩托车来到剧团院内，冯军将摩托车停放在该院内，冯宝趁冯军卸物品之际，把摩托车钥匙拔走。后二人一起在街上闲逛，冯宝以找人为由与冯军分手返回剧团院内，将冯军的摩托车盗走。冯军发现摩托车丢失后向公安机关报案，公安机关立即展开立案侦查，在申请检察院批准逮捕时因冯宝年龄无法确定，检察院不同意批准逮捕。公安机关经补充侦查后，查明冯宝刚刚年满 16 周岁，同年 1 月 21 日冯宝被依法逮捕。被盗摩托车经佳县价格认证中心鉴定，价值 4750 元。案发后冯宝的家属给冯军赔偿了一辆相同型号的新摩托车。

人民检察院在起诉书中指控被告人冯宝犯盗窃罪，于 2011 年 2 月 28 日向法院提起公诉。法院依法组成合议庭，因本案被告人系未成年人，不公开审理。法院经审理判决被告人冯宝犯盗窃罪，判处有期徒刑七个月，缓刑一年，并处罚金人民币 4000 元。①

---

① 案例改编自陕西省榆林市佳县人民法院〔2011〕佳刑初字第 00018 号刑事判决书。

一、 未成年人刑事案件中的逮捕

未成年人刑事案件是指被告人实施被指控的犯罪时不满18周岁的案件。① 在办理未成年人刑事案件过程中，实行教育、感化、挽救的方针，坚持教育为主、惩罚为辅的原则。这些方针原则贯穿于未成年人刑事案件的批准逮捕、审查起诉及法院审理的全过程。

逮捕，是指公安机关、人民检察院和人民法院，为了防止犯罪嫌疑人或者被告人实施妨碍刑事诉讼的行为，逃避侦查、起诉、审判或者发生社会危险，而依法剥夺其人身自由，予以羁押的一种强制措施。我国《刑事诉讼法》规定实施逮捕的情形包括三种：(1)有证据证明有犯罪事实，可能判处徒刑以上刑罚的犯罪嫌疑人、被告人，采取取保候审尚不足以防止发生法定社会危险性的；(2)有证据证明有犯罪事实，可能判处10年有期徒刑以上刑罚的，或者有证据证明有犯罪事实，可能判处徒刑以上刑罚，曾经故意犯罪或者身份不明；(3)被取保候审、监视居住的犯罪嫌疑人、被告人因违反取保候审、监视居住规定，情节严重。

前两种均属于"应当"予以逮捕的情形，而第三种属于"可以"予以逮捕的情形。逮捕作为刑事强制措施，是对公民人身自由的剥夺，因此在实施逮捕时应严格依照《刑事诉讼法》的程序规定，由公安机关提出申请，同级人民检察院审查是否批准。公安机关要求逮捕犯罪嫌疑人时，应当撰写提请批准逮捕书，连同案卷材料、证据，一并移送同级人民检察院审查批准，由人民检察院作出是否同意批准逮捕的决定。逮捕由公安机关负责执行，县级以上公安机关负责人签发逮捕证，两名以上公安人员出示逮捕证并共同执行逮捕

① "周岁"是按照公历的年、月、日来计算，从周岁生日的第二天起算。

任务。

二、 未成年人刑事案件中犯罪嫌疑人年龄的确定

从上述案情来看，公安机关报请人民检察院请求批准逮捕时，检察院因不确定冯宝的年龄，所以不同意批准逮捕。那么此种做法是否正确呢？

根据2013年《人民检察院办理未成年人刑事案件的规定》第14条规定："审查批准逮捕未成年犯罪嫌疑人，应当重点审查其是否已满十四、十六、十八周岁。对犯罪嫌疑人实际年龄难以判断，影响对该犯罪嫌疑人是否应当负刑事责任认定的，应当不批准逮捕。需要补充侦查的，同时通知公安机关。"本案中，行为人冯宝实施的是盗窃行为，16周岁作为临界年龄，属于应当查清的重要事实。公安机关未查明冯宝真实年龄就向人民检察院提请批准逮捕，人民检察院应当依照规定作出不予批准逮捕的决定。

人民检察院审查批准逮捕未成年犯罪嫌疑人，需要根据未成年犯罪嫌疑人涉嫌犯罪的事实、主观恶性、有无监护条件或社会帮教措施等，综合衡量其社会危险性，确定是否有逮捕必要。对于罪行较轻，具备有效监护条件或者社会帮教措施，没有社会危险性或者社会危险性较小，不妨害诉讼正常进行的未成年犯罪嫌疑人，一般不予批准逮捕。冯宝实施的是一般盗窃行为，且未逃避侦查起诉或妨碍诉讼，人民检察院可以不批准逮捕，可以通过实施监护或社会帮教来保障刑事诉讼程序的顺利进行。

三、 未成年人刑事案件中的缓刑适用

本案中的被告人冯宝年满16周岁，实施了盗窃他人财物的行

为，构成盗窃罪。因冯宝系未成年人，犯罪情节较轻，并且对被害人积极赔偿，认罪态度较好，法院对冯宝适用了缓刑。我国的缓刑制度是指在犯罪分子已经被判处刑罚的前提下，充分考虑犯罪分子的悔罪表现、社会危险性，决定是否执行刑罚。

缓刑的适用要同时满足三个条件：第一，犯罪分子被判处拘役或者 3 年以下有期徒刑的刑罚。冯宝被判处有期徒刑 7 个月，符合此适用缓刑的条件。

第二，根据犯罪分子的犯罪情节和悔罪表现，认为适用缓刑不致再危害社会。如果犯罪分子不认罪悔罪，且具有继续危害社会的可能性，则不能适用缓刑。在认定这个条件时，法院通常书面委托被告人户籍所在地或经常居住地司法行政机关，展开非监禁刑的审前社会调查，参考司法行政机关调查的事实以及被告人是否适用社区矫正的意见，决定是否适用缓刑。

第三，犯罪人不属于累犯和犯罪集团的首要分子。该条件属于否定性条件。累犯表明行为人的主观恶性较大，悔改的程度无法达到适用缓刑的要求，而犯罪集团的首要分子则具有较大的人身危险性，适用缓刑无法达到预防犯罪的效果。

成年被告人符合缓刑条件的，我国刑法规定人民法院“可以”宣告缓刑，但对于未成年被告人符合缓刑条件的，则规定人民法院“应当”宣告缓刑。这样规定不仅体现了区分原则，同时也为未成年人教育改造提供了比较缓和的救济模式。符合缓刑条件的未成年被告人附条件地暂不执行宣判刑期，这样有利于未成年人接受教育矫正，早日回归正常的社会生活，也能避免因实际执行刑期可能带来的犯罪人之间交叉感染恶习。

法律小课堂

——《中华人民共和国刑法》

第七十二条【适用条件】　对于被判处拘役、三年以下有期徒刑的犯罪分子，同时符合下列条件的，可以宣告缓刑，对其中不满十八周岁的人、怀孕的妇女和已满七十五周岁的人，应当宣告缓刑：（一）犯罪情节较轻；（二）有悔罪表现；（三）没有再犯罪的危险；（四）宣告缓刑对所居住社区没有重大不良影响。

宣告缓刑，可以根据犯罪情况，同时禁止犯罪分子在缓刑考验期限内从事特定活动，进入特定区域、场所，接触特定的人。

被宣告缓刑的犯罪分子，如果被判处附加刑，附加刑仍须执行。

第七十三条【考验期限】　拘役的缓刑考验期限为原判刑期以上一年以下，但是不能少于二个月。

有期徒刑的缓刑考验期限为原判刑期以上五年以下，但是不能少于一年。

缓刑考验期限，从判决确定之日起计算。

——2019年《人民检察院刑事诉讼规则》

第四百六十四条　审查逮捕未成年犯罪嫌疑人，应当重点查清其是否已满十四、十六、十八周岁。

对犯罪嫌疑人实际年龄难以判断，影响对该犯罪嫌疑人是否应当负刑事责任认定的，应当不批准逮捕。需要补充侦查的，同时通知公安机关。

——2006年《最高人民法院关于审理未成年人刑事案件具体应用法律若干问题的解释》

第四条　对于没有充分证据证明被告人实施被指控的犯罪时已经达到法定刑事责任年龄且确实无法查明的，应当推定其没有达到相应法定刑事责任年龄。

相关证据足以证明被告人实施被指控的犯罪时已经达到法定刑事责任年龄，但是无法准确查明被告人具体出生日期的，应当认定其达到相应法定刑事责任年龄。

——2006年《最高人民检察院关于人民检察院办理未成年人刑事案件的规定》

第三十一条　对于具有下列情形之一，依法可能判处拘役、三年以下有期徒刑，悔罪态度较好，具备有效监护条件或者社会帮教措施、适用缓刑确实不致再危害社会的未成年被告人，人民检察院可以建议人民法院适用缓刑：(一)犯罪情节较轻，未造成严重后果的；(二)主观恶性不大的初犯或者胁从犯、从犯；(三)被害人同意和解或者被害人有明显过错的；(四)其他可以适用缓刑的情节。

人民检察院提出对未成年被告人适用缓刑建议的，应当将未成年被告人能够获得有效监护、帮教的书面材料一并于判决前移送人民法院。

对未成年人实行社区矫正的特殊性

2016年9月13日晚，赖某元及同案人赖某坤（1999年6月22日出生，案发时未成年）、赖某林（1998年11月8日出生，案发时未成年）等人在路口拦下被害人叶某和江某并对上述二被害人进行围殴，造成叶某轻伤。

法院认为，被告人赖某元伙同他人无故拦截、追逐、殴打他人，致一人轻伤，情节严重，其行为已构成寻衅滋事罪。但赖某元案发后自动投案，并如实供述自己的罪行，系自首，可以从轻处罚，并且其家属积极赔偿被害人经济损失并取得被害人谅解，可以从轻处罚。鉴于赖某元有较好的悔罪态度，其所在地社区矫正机构调查亦认为其符合社区矫正条件，宣告缓刑对所居住社区没有重大不良影响，法院依法对赖某元宣告缓刑。但赖某元必须依法接受社区矫正。①

① 案例改编自福建省漳州市平和县人民法院〔2017〕闽0628刑初264号刑事判决书。

社区矫正是一种非监禁的刑罚执行方式，是指将被判处管制、宣告缓刑、裁定假释、决定暂予监外执行的罪犯置于社区内，由司法行政机关在相关部门和社会力量的协助下，对社区矫正对象实现思想改造和劳动改造，并帮助其顺利回归社会的执法活动。社区矫正的多方位教育与灵活性可以为未成年人刑罚的执行与改造提供良好的探索路径。

社区矫正制度的优点在于能够在不中断社区矫正对象正常社会生活的前提下对其进行行为监管和思想改造。社区矫正旨在通过政府、社会以及爱心人士的帮助，使矫正对象改正恶习，并帮助他们重新回归社会。现如今，社区矫正更注重对犯罪人的改造而不是报复，刑罚的目的也更倾向于促进社会人格有缺陷或者社会化不完全的犯罪人再社会化。社区矫正的直接目的是通过社区矫正组织进行社会化的教育，使罪犯适应并顺利回归社会，间接目的是增强社区公民的法律意识和社会责任，预防犯罪，维护社会稳定，实现国家的长治久安。

对于未成年人而言，社区矫正有着尤其重要的意义。未成年人遇到外界刺激容易敏感冲动，心理承受能力较弱，个人的自制力较差。未成年人犯罪主要包括暴力与财产两类，其犯罪原因多为受家庭、学校或社会的不良影响，由此未成年人犯罪也呈现出了易反复、传播快、突发性强、主观恶性小等特点。正是因为如此，如果对未成年被告人直接科以监禁刑，可能会对他们今后的生活造成极大的影响，耽误其教育改造，甚至于可能再也无法正常回归社会。因此，在对未成年人的刑罚执行方式上需要更为灵活多样的选择，才可以让他们顺利完成再教育。

未成年犯在诸多方面都有其特殊性，所以司法行政机关针对未成年犯实行社区矫正时，不会照搬成年犯的矫正方案，而应从未成年人自身性格、家庭环境、父母感情、学习成绩、人际交往等多种层面充分考量，针对每个人的具体情况进行综合分析，制定符合实际情况的矫正方案。在矫正项目的安排上，体现对未成年犯的特殊关怀。

接受社区矫正需要依照法定程序进行，在社区矫正期间应当遵守法律规定。社区矫正的执行地点为居住地，被宣告缓刑的未成年人应当自判决生效之日起 10 日内到执行地社区矫正机构报到。接受社区矫正的未成年人在社区矫正期间应当遵守法律、行政法规，履行法律文书确定的义务，遵守国务院司法行政部门关于报告、会客、外出、迁居、保外就医等监督管理规定，服从社区矫正机构的管理。如果社区矫正对象为女性的，矫正小组中应有女性成员，同时，未成年人的社区矫正与成年人应分别进行。如果未成年人在接受社区矫正的过程中认为自己的合法权益受到侵害，有权向人民检察院或者有关机关申诉、控告和检举。如果矫正期满或者被赦免的，社区矫正机构应当发放解除社区矫正证明书，并通知社区矫正决定机关、所在地的人民检察院和公安机关。

另外，未成年人的身份信息与受教育权及就业权利在社区矫正期间应得到充分保障。参与社区矫正工作的人员必须对履行职责过程中获得的未成年人身份信息予以保密；未完成义务教育的未成年人，社区矫正机构应通知并配合教育部门为其完成义务教育提供条件；如果年满 16 周岁的未成年人有就业意愿的，社区矫正机构可以协调有关部门和单位为其提供职业技能培训，给予就业指导和帮助。

本案中，赖某元虽然存在着不法行为，但是其认错态度较好，有自首行为，且在共同犯罪中作用较小，其家属也积极赔偿了被害人的经济损失并取得了被害人谅解，可以从轻处罚。鉴于赖某元有较好的悔罪态度，其所在地社区矫正机构调查亦认为其符合社区矫正条件，宣告缓刑对所居住社区没有重大不良影响，法院依法对其宣告缓刑，对其实行社区矫正。但绝不能因此说对于所有未成年人都要适用缓刑，社区矫正方式要结合具体案情和个人情况综合判断后再予以适用。

法律小课堂

——《中华人民共和国社区矫正法》

第五十二条　社区矫正机构应当根据未成年社区矫正对象的年龄、心理特点、发育需要、成长经历、犯罪原因、家庭监护教育条件等情况，采取针对性的矫正措施。

社区矫正机构为未成年社区矫正对象确定矫正小组，应当吸收熟悉未成年人身心特点的人员参加。

对未成年人的社区矫正，应当与成年人分别进行。

第五十四条　社区矫正机构工作人员和其他依法参与社区矫正工作的人员对履行职责过程中获得的未成年人身份信息应当予以保密。

除司法机关办案需要或者有关单位根据国家规定查询外，未成年社区矫正对象的档案信息不得提供给任何单位或者个人。依法进行查询的单位，应当对获得的信息予以保密。

第五十七条　未成年社区矫正对象在复学、升学、就业等方面依法享有与其他未成年人同等的权利，任何单位和个人不得歧视。有歧视行为的，应当由教育、人力资源和社会保障等部门依法作出处理。

第五十八条　未成年社区矫正对象在社区矫正期间年满十八周岁的，继续按照未成年人社区矫正有关规定执行。

——《中华人民共和国未成年人保护法》

第一百一十四条　公安机关、人民检察院、人民法院和司法行政部门发现有关单位未尽到未成年人教育、管理、救助、看护等保护职责的，应当向该单位提出建议。被建议单位应当在一个月内作出书面回复。

第一百一十五条　公安机关、人民检察院、人民法院和司法行政部门应当结合实际，根据涉及未成年人案件的特点，开展未成年人法治宣传教育工作。

第一百一十六条　国家鼓励和支持社会组织、社会工作者参与涉及未成年人案件中未成年人的心理干预、法律援助、社会调查、社会观护、教育矫治、社区矫正等工作。

附条件不起诉后刑事处罚的“再现身”

年仅17岁的蒋某和郑某，初中毕业后外出打工。2012年6月24日晚10时，两人走出网吧后，尾随一年轻女子至灯光昏暗处，趁其不备抱住该女子，并意欲抢劫她手中的手机。女子大喊“救命”，两人仓皇逃跑。警方接到女子的报案后迅速将两人抓获。人民检察院鉴于两人均系未成年人，且犯罪未遂，有从轻情节，且认罪态度较好，并对两人家庭进行走访后，检察机关依法对两人作出附条件不起诉决定。

在附条件不起诉决定作出2个多月后，社工反映，蒋某一直无故缺席约定的帮教活动，失联超过1个多月，严重违反了帮教协议，遂于2013年7月终止帮教。期间，检察官多次通过公安机关查找蒋某及其家人下落，并多次到蒋某暂住处寻找无果。检察官还联系蒋某户籍地派出所查询其下落或亲属联系方式，均无功而返，始终无法联系上蒋某及其亲属。检察机关遂依法撤销附条件不起诉决定，对蒋某作出批准逮捕决定，向法院提起公诉，最终蒋某被判处有期徒刑八个月。

另一当事人郑某严格遵守规定，在9个月考察期满后，检察机关依法对其宣布不起诉决定。①

一、 未成年人刑事案件中的附条件不起诉制度

不起诉是刑事诉讼制度的重要组成部分。不起诉，是指人民检察院对公安机关侦查终结移送起诉的案件和自行侦查终结的案件进行审查后，认为犯罪嫌疑人不符合起诉条件或没有必要起诉的，依法不将犯罪嫌疑人移交人民法院进行审判、追究刑事责任的一种处理决定。

不起诉包括法定不起诉、酌定不起诉和证据不足不起诉、附条件不起诉四种情形。

法定不起诉是指人民检察院对犯罪嫌疑人、被告人死亡等六种情形依法不予追究刑事责任的决定。

酌定不起诉又称相对不起诉，是指对于犯罪情节轻微，依照刑法规定不需要判处刑罚或者免除刑罚的，人民检察院作出的不起诉决定。所谓“犯罪情节轻微”包括行为人只实施了预备行为、帮助行为、属于正当防卫或紧急避险过当、在共同犯罪中起次要或辅助作用、受胁迫犯罪、有自首或重大立功等情形。

证据不足不起诉是指人民检察院对公安机关移送审查起诉案件，认为证据不足，可以退回补充侦查，也可以作出不起诉决定。但对于两次补充侦查的案件，人民检察院仍然认为证据不足的，应当作出不起诉决定。

---

① 案例改编自《上海出现首例“附条件不起诉”撤销案》，载东方网：http：//www.shzgh.org/renda/node9672/node9673/u1a6007696.html，2020年4月27日访问。

附条件不起诉是专门针对未成年犯罪嫌疑人的一种制度。未成年人犯罪嫌疑人当然适用前述不起诉制度的规定，但未成年人刑事诉讼案件仍有其特殊的不起诉制度。根据我国法律规定，对于未成年人涉嫌侵犯公民人身权利、民主权利罪，侵犯财产罪或妨害社会管理秩序罪，可能判处1年有期徒刑以下刑罚，符合起诉条件，但有悔罪表现的，人民检察院可以作出附条件不起诉的决定。同时，《最高人民检察院关于人民检察院办理未成年人刑事案件的规定》也明确指出，对于犯罪情节轻微依照刑法规定不需要判处刑罚或者免除刑罚的未成年犯罪嫌疑人，一般应当依法作出不起诉决定。此处"一般应当"的表述也表明，对于符合法定情形的未成年犯罪嫌疑人，不起诉决定应作为一般处理结果，以便给予未成年人充分的司法保护。

不过，附条件不起诉并非检察院终局的决定，是可撤销的。附条件不起诉的考验期为6个月以上1年以下，从人民检察院作出附条件不起诉的决定之日起计算。在附条件不起诉的考验期内，由人民检察院对被附条件不起诉的未成年犯罪嫌疑人进行监督考察。未成年犯罪嫌疑人的监护人，应当对未成年犯罪嫌疑人加强管教，配合人民检察院做好监督考察工作。

附条件不起诉考验期满，有两种法律后果。第一种是不起诉。被附条件不起诉的未成年犯罪嫌疑人，在考验期内没有违法犯罪情形，考验期满的，人民检察院应当作出不起诉的决定。在考验期内，未成年犯罪嫌疑人应当遵守以下监督管理规定：(1)遵守法律法规，服从监督；(2)按照考察机关的规定报告自己的活动情况；(3)离开所居住的市、县或者迁居，应当报经考察机关批准；(4)按照考察机关的要求接受矫治和教育。

另一种是撤销附条件不起诉决定。被附条件不起诉的未成年犯罪嫌疑人，在考验期内有下列情形之一的，人民检察院应当撤销附条件不起诉的决定，提起公诉：实施新的犯罪或者发现决定附条件不起诉以前还有其他犯罪需要追诉的；违反治安管理规定或者考察机关有关附条件不起诉的监督管理规定，情节严重的。

二、 本案案情分析

本案中蒋某和郑某属于未成年人，但17岁已经达到完全刑事责任年龄。蒋某和郑某两人临时起意共同实施抢劫行为，依法构成抢劫罪，但属于犯罪未遂且情节较轻。我国对违法犯罪的未成年人，实行教育、感化、挽救的方针，坚持教育为主、惩罚为辅的原则。检察机关通过走访调查，对两人均作出附条件不起诉决定，体现了对未成年人刑事政策的贯彻。

本案蒋某和郑某出现不同结局的原因就在于两人在附条件不起诉考验期内的表现。一般情况下，人民检察院作出附条件不起诉决定后，会与行为人及其家长、社区、学校等签订考察协议书或帮教责任书，由未成年人家长、学校或社区的社工对未成年人的学习情况和日常生活进行跟踪考察，承办检察官会与未成年人进行电话联络或会面谈心，掌握未成年人的思想状态、学习生活等情况，帮助被附条件不起诉未成年人在考察期间改过自新。一旦未成年人在考验期内违反监督管理规定、情节严重的，人民检察院就会撤销附条件不起诉的决定，提起公诉，依法追究未成年人的刑事责任。本案中，蒋某一直无故缺席帮教活动，严重违反帮教协议约定，并且失去联系，其属于严重违反监督管理规定、情节严重的行为，最终被追究刑事责任。而郑某通过珍惜改过自新的机会，遵守附条件不起诉考验期的监督管理规定，最终获得了检察机关的不起诉决定。

法律小课堂

——《中华人民共和国刑事诉讼法》

第二百八十二条　对于未成年人涉嫌刑法分则第四章、第五章、第六章规定的犯罪，可能判处一年有期徒刑以下刑罚，符合起诉条件，但有悔罪表现的，人民检察院可以作出附条件不起诉的决定。人民检察院在作出附条件不起诉的决定以前，应当听取公安机关、被害人的意见。

对附条件不起诉的决定，公安机关要求复议、提请复核或者被害人申诉的，适用本法第一百七十九条、第一百八十条的规定。

未成年犯罪嫌疑人及其法定代理人对人民检察院决定附条件不起诉有异议的，人民检察院应当作出起诉的决定。

第二百八十三条　在附条件不起诉的考验期内，由人民检察院对被附条件不起诉的未成年犯罪嫌疑人进行监督考察。未成年犯罪嫌疑人的监护人，应当对未成年犯罪嫌疑人加强管教，配合人民检察院做好监督考察工作。

附条件不起诉的考验期为六个月以上一年以下，从人民检察院作出附条件不起诉的决定之日起计算。

被附条件不起诉的未成年犯罪嫌疑人，应当遵守下列规定：(一)遵守法律法规，服从监督；(二)按照考察机关的规定报告自己的活动情况；(三)离开所居住的市、县或者迁居，应当报经考察机关批准；(四)按照考察机关的要求接受矫治和教育。

——2006年《最高人民检察院关于人民检察院办理未成年人刑事案件的规定》

第二十条　对于犯罪情节轻微，并具有下列情形之一，依照刑法规定不需要判处刑罚或者免除刑罚的未成年犯罪嫌疑人，一般应当依法作出不起诉决定：(一)被胁迫参与犯罪的；(二)犯罪预备、中止的；(三)在共同犯罪中起次要或者辅助作用的；(四)是又聋又哑的人或者盲人的；(五)因防卫过当或者紧急避险过当构成犯罪的；(六)有自首或者重大立功表现的；(七)其他依照刑法规定不需要判处刑罚或者免除刑罚的情形。

未成年人与成年人“不一样的”起诉与执行

2016年2月9日晚，社会青年张亮(化名)驾驶摩托车搭载刚刚辍学的16周岁高中生李勇(化名)来到所在市区的一条街道上，准备寻找时机抢夺路人随身携带的财物。这时，两人看见被害人罗某某独自在路边行走，张亮遂驾车靠近罗某某，李勇则趁罗某某不备之机将其挎包夺走，随即逃离现场。当逃至本市某广场附近时，二人被公安人员抓获，缴获被抢挎包，包内有现金583元、手机一部及银行卡等物，经鉴定包内财物总价值为4192元。

人民检察院将案件分案起诉到人民法院，李勇案件由少年法庭依法审理并作出判决。法院最终判处李勇有期徒刑八个月，送少年犯管教所执行。①

基于对未成年人特殊的刑事政策考量，我国

① 案例改编自福建省福州市闽清县〔2017〕闽0124刑初12号刑事判决书。

实行未成年人与成年人分案起诉、分别执行的制度。

一、 分案起诉

分案起诉是指人民检察院办理未成年人与成年人共同犯罪案件时，将未成年人与成年人区分开来，分别向人民法院提起诉讼。分案起诉制度与少年法庭和不公开审理制度是配套的。

针对未成年人与成年人生理、心理的差异，我国设置了少年法庭，由熟悉未成年人身心特点的办案人员来审理未成年人刑事案件。《最高人民法院关于审理未成年人刑事案件的若干规定》明确规定，审判未成年人刑事案件合议庭的审判长，应当由熟悉未成年人特点、善于做未成年人思想教育工作的审判员担任，并且应当保持其工作的相对稳定性。审判未成年人刑事案件的人民陪审员，一般由熟悉未成年人特点，热心于教育、挽救失足未成年人工作，并由经过必要培训的共青团、妇联、工会、学校的干部、教师或者离退休人员、未成年人保护组织的工作人员等担任。因为在一般的刑事案件审理过程中，尤其在质证、辩论阶段，法庭气氛较为紧张，极易给未成年人造成巨大的心理压力，削弱庭审阶段的教育、感化功能。少年法庭通过设置独立的审判空间，配备特定的人员，使未成年人刑事案件能够得到专案专判。

根据法律规定，开庭审理时不满 16 周岁的未成年人刑事案件，一律不公开审理；开庭审理时不满 18 周岁的未成年人刑事案件，一般也不公开审理。如果将成年人案件与未成年人合并起诉审理，会使得参加庭审的人员数量增多，包括成年被告人一方的法定代理人、辩护人及申请出庭的证人、鉴定人等。此种情形下，不公开审理就会变成“半公开”审理模式，不利于实现对未成年人的特殊保护目的。因此，分案起诉制度是保障未成年人诉讼权益的重要手段。

二、 分别执行

分别执行是指未成年被告人和成年被告人被法院判决有罪后，在自由刑的刑罚执行阶段应分开执行的制度。刑罚执行是指有行刑权的司法机关将人民法院生效的判决所确定的刑罚付诸实施的刑事司法活动。具有行刑权的司法机关主要包括监狱、公安机关、人民法院及社区矫正机构。监狱，是刑罚执行的专门机关，负责执行有期徒刑、无期徒刑、死刑缓期二年；公安机关负责执行拘役、剥夺政治权利等刑罚；人民法院负责罚金、没收财产、死刑的执行；社区矫正机构负责执行管制、缓刑、假释、监外执行等。

判处刑罚后的成年人，往往要送交监狱执行刑期，但是基于未成年犯罪人与成年犯罪人存在差异性，如果将未成年人与成年人一同关押，极易产生交叉感染，不利于未成年人的健康成长和教育改造。因此，我国专门设置未成年犯管教所，针对已满 14 周岁、未满 18 周岁的少年犯进行教育、挽救、改造。未成年犯管教所作为劳动改造机关，结合少年犯的特点，安排他们从事轻微劳动，并采取诱导、关怀、鼓励、感化的方法，开展适合少年犯心理和生理特点的德、智、美、体全方位教育，促进思想转化，使他们能够早日回归社会并成为一个对社会有用的人。

此外，我国有关减刑、假释的规定充分体现了对未成年人在刑罚执行阶段的关怀和照顾。对未成年人适用的减刑、假释标准比照成年犯罪人适度放宽，包括减刑幅度、间隔时间以及假释的适用条件，以鼓励未成年犯罪人积极接受教育改造，争取减刑和假释。

本案中，张亮系成年人，而李勇系未成年人，两人共同实施了抢夺他人公私财物的行为。抢夺罪是指抢夺公私财物，数额较大或多次抢夺的行为。① 凡年满16周岁具备刑事责任能力的自然人均可成为本罪主体。因此，李勇已达到该罪所要求的刑事责任年龄，依法应当承担刑事责任。但李勇系未成年人，基于对未成年人的特殊保护，人民检察院将该案件分别起诉，李勇应由少年法庭进行审理并依法判决。

从资源分配的角度来看，分案起诉、少年法庭的设置、分别关押执行等针对未成年人采取的措施并不符合经济和效率原则；但从长远角度来看，未成年人作为国家未来崛起的力量，如果犯罪后能够得到矫正，那么在其回归社会并为社会所用时，曾经耗费的资源就得到了填补甚至获得累积性盈余。因此，社会对未成年人司法资源的付出是十分必要的。

法律小课堂

——2019年《人民检察院刑事诉讼规则》

第四百五十九条　人民检察院办理未成年人与成年人共同犯罪案件，一般应当对未成年人与成年人分案办理、分别起诉。不宜分案处理的，应当对未成年人采取隐私保护、快速办理等特殊保护措施。

——2006年《最高人民检察院关于人民检察院办理未成年人刑事案件的规定》

第二十三条　人民检察院审查未成年人与成年人共同犯罪案件，一般应当将未成年人与成年人分案起诉。但是具有下列

① 数额较大是指1000~3000元，具体数额由各省、自治区、直辖市高级人民法院确定。

情形之一的，可以不分案起诉：

（一）未成年人系犯罪集团的组织者或者其他共同犯罪中的主犯的；

（二）案件重大、疑难、复杂，分案起诉可能妨碍案件审理的；

（三）涉及刑事附带民事诉讼，分案起诉妨碍附带民事诉讼部分审理的；

（四）具有其他不宜分案起诉情形的。

第三十八条　人民检察院依法对未成年犯管教所实行驻所检察。在刑罚执行监督中，发现关押成年罪犯的监狱收押未成年罪犯的，或者对年满十八周岁后余刑在二年以上的罪犯没有转送监狱的，应当依法提出纠正意见。

第三十九条　人民检察院在看守所检察中，发现没有对未成年犯罪嫌疑人、被告人与成年犯罪嫌疑人、被告人分管、分押或者对未成年罪犯留所服刑的，应当依法提出纠正意见。

合适成年人陪同下的讯问与审判

【案例一】2014年12月31日，被告人龙某(17周岁)体内藏毒，乘坐航班欲将毒品从甲市运至乙市，于当日21时许在甲市机场被公安民警查获，后查缴从其体内排出毒品甲基苯丙胺净重254克。公安机关进行立案调查，对龙某采取拘留措施，报检察院批准逮捕，检察院讯问犯罪嫌疑人龙某并通知其法定代理人到场，检察院作出了批准逮捕决定。龙某在押期间多次要求与法定代理人会见，检察院通知了龙某的法定代理人，后因龙某不满会见时检察人员在场而情绪激动，要提出申诉。①

【案例二】党某被劳务公司劳务派遣至高陵区的一家电子商务公司提供劳务。2019年12月10日晚上工作时，党某趁无人之机将库房高价值区域货架上的两个手机的包装丢弃后藏进外套内，并逃避了安检将手机盗出了仓库。党某涉嫌犯盗窃罪，经法院审理查明，由于被告人党某犯罪时

---

① 案例改编自云南省昆明市中级人民法院〔2015〕昆少刑初字第39号刑事判决书。

系未满18周岁的未成年人，按照《刑事诉讼法》的相关规定，在案件开庭审理时，应当通知其法定代理人到场，但多方联系党某的父母无果。因此，承办法官根据新修改的《刑事诉讼法》条款，果断采用了“合适成年人”出庭制度，联系区未成年人保护办公室，要求确定一名工作人员作为党某的“合适成年人”出庭，参加庭审，履行法定代理人职责。①

由于未成年人的心理和生理有别于成年人，为了保证未成年犯罪嫌疑人陈述的客观性与真实性，帮助司法机关查明案件事实以及维护未成年人刑事诉讼权益，我国《刑事诉讼法》规定了合适成年人到场制度。在讯问和审判未成年人时，司法机关应当通知未成年人的法定代理人到场，无法通知或法定代理人无法到场，也可以通知其他合适成年人到场。

法定代理人是指根据法律规定的，代理无诉讼行为能力的当事人进行诉讼，直接行使诉讼代理权的人。《刑事诉讼法》规定“法定代理人”是指被代理人的父母、养父母、监护人和负有保护责任的机关、团体的代表。

未成年人的监护人是其父母，父母死亡或没有监护能力的，其祖父母、外祖父母、兄、姐及关系密切的其他亲属、朋友愿意承担监护职责，经未成年人的父母所在单位或者未成年人住所地的居民委员会、村民委员会同意后，也可以作监护人。患精神病的无行为能力人或限制行为能力人，其监护人是配偶、父母、成年子女及其他近亲属。关系密切的其他亲属、朋友、愿意承担监护职责的，经

---

① 参见《高陵法院：首次引用“合适成年人”出庭制度，加强对未成年人司法保护》，载腾讯新闻网：https://new.qq.com/rain/a/20200423A0M4VQ00，2020年4月29日访问。

精神病人所在单位或住所地的居民委员会、村民委员会同意后，也可以作为监护人。负有保护责任的机关、团体的代表是指无行为能力人或限制行为能力人所在单位及其住所地居民委员会、村民委员会，或者是民政部门、工会、妇联、共青团、残疾人联合会等对于特定人员负有保护责任的单位、组织的代表。

未成年人由于社会经验不足，法律知识欠缺，很难在刑事诉讼中全面维护自身的合法权益，其法定代理人作为独立的诉讼参与人可以充分维护未成年人的诉讼权利，保障诉讼程序的顺利进行。刑事诉讼中，未成年法定代理人拥有的权利主要包括以下几个方面：

第一，知情权。刑事司法工作人员进行讯问的时候，应当通知未成年犯罪嫌疑人、被告人的法定代理人到场；开庭审理前，应当通知未成年被告人的法定代理人出庭；定期宣告判决的，应当通知公诉人、未成年被告人的法定代理人及其他诉讼参与人到庭。由此可见，刑事诉讼制度的设计充分保障了未成年人法定代理人的参与权，使其能够在刑事诉讼的各个阶段了解未成年人案件的审理情况。这样既有利于保障其代为行使未成年人的相关权利，又能够对侦查、起诉、审判活动进行外部监督，以防止因程序违法而损害未成年人的刑事诉讼权利。

第二，表达权。检察机关审查起诉未成年犯罪嫌疑人，应当听取其父母或者其他法定代理人、辩护人、未成年被害人及其法定代理人的意见。通过法定代理人的陈述表达，可以帮助检察机关全面了解未成年犯罪嫌疑人的成长经历、家庭环境、个性特点、社会活动等情况，从而为处理案件提供参考。另外，人民法院审理未成年人刑事案件，在法庭辩论终结后，未成年被告人享有最后陈述的权利，同时其法定代理人可以进行补充陈述。赋予法定代理人补充陈述的权利，既是对法定代理人表达权的保障，也是对未成年被告人诉讼权利的强化。

第三，会见权。为了对未成年犯罪嫌疑人进行心理疏导与思想教育，法律规定在刑事诉讼的不同阶段，未成年人享有会见其法定代理人的权利。未成年人在押期间，可以与其法定代理人、近亲属等会见、通信，但会见、通信不得有串供或者其他妨碍诉讼的内容。另外需要明确的是，未成年犯罪嫌疑人与法定代理人会见时检察人员可以在场。开庭审理前，审判未成年人刑事案件的审判长认为有必要的，可以安排法定代理人或者其他成年近亲属、教师等人员与未成年被告人会见。休庭时，也可允许法定代理人或者其他成年近亲属、教师等人员会见未成年被告人。会见权的实现有利于保障未成年人的相关诉讼权利，也有助于未成年人接受多方教育，促使其及早悔悟。

第四，申诉控告权。法定代理人作为独立的诉讼参与人，为维护未成年人的刑事诉讼权利可以对刑事诉讼中存在的程序问题和实体问题提出申诉和控告。例如，未成年被告人的法定代理人在诉讼中可以申请回避、辩护、发问、提出新的证据、要求重新鉴定或者勘验等。对法院的一审判决结果不服的，可以提起上诉，对已生效的判决裁定不服的，也可以向人民检察院或人民法院提出申诉。

其他合适成年人是指未成年犯罪嫌疑人、被告人的其他成年亲属，所在学校、单位、居住地基层组织或者未成年人保护组织的代表。如果由其他合适成年人到场，司法机关应当尊重未成年犯罪嫌疑人、被告人的个人意愿。未成年犯罪嫌疑人明确拒绝允许法定代理人以外的合适成年人到场，且具有正当理由，人民检察院可以准许，但应当在征求其意见后通知其他合适成年人到场。其他合适成年人也可以代为行使到场权、知情权、异议权等。

法律小课堂

——《中华人民共和国刑事诉讼法》

第九十七条　犯罪嫌疑人、被告人及其法定代理人、近亲属或者辩护人有权申请变更强制措施。人民法院、人民检察院和公安机关收到申请后，应当在三日以内作出决定；不同意变更强制措施的，应当告知申请人，并说明不同意的理由。

第二百八十一条　对于未成年人刑事案件，在讯问和审判的时候，应当通知未成年犯罪嫌疑人、被告人的法定代理人到场。无法通知、法定代理人不能到场或者法定代理人是共犯的，也可以通知未成年犯罪嫌疑人、被告人的其他成年亲属，所在学校、单位、居住地基层组织或者未成年人保护组织的代表到场，并将有关情况记录在案。到场的法定代理人可以代为行使未成年犯罪嫌疑人、被告人的诉讼权利。

到场的法定代理人或者其他人员认为办案人员在讯问、审判中侵犯未成年人合法权益的，可以提出意见。讯问笔录、法庭笔录应当交给到场的法定代理人或者其他人员阅读或者向他宣读。

讯问女性未成年犯罪嫌疑人，应当有女工作人员在场。

审判未成年人刑事案件，未成年被告人最后陈述后，其法定代理人可以进行补充陈述。

询问未成年被害人、证人，适用第一款、第二款、第三款的规定。

——2006年《最高人民检察院关于人民检察院办理未成年人刑事案件的规定》

第十九条　在押的未成年犯罪嫌疑人同其法定代理人、近亲属等进行会见、通话时，检察人员应当告知其会见、通话不得有串供或者其他妨碍诉讼的内容。会见、通话时检察人员可以在场。会见、通话结束后，检察人员应当将有关内容及时整理并记录在案。

刑事案件中不可或缺的辩护人

2012年11月20日23时，赵某某邀张某(案发时17周岁)、岩某(案发时16周岁)、黄某、岩某某等人用拳脚、棍棒、钢管、傣刀、跳刀等工具围殴被害人程成(化名)，混乱中程成被打倒在地，赵某某对程成捅刺三刀。随后，被害人程成因被锐器刺破右肱动脉致失血性休克死亡。2013年5月14日，张某、岩某被公安机关抓获。

张某和岩某被抓获后没有辩护人为其辩护，公安机关在第一次审讯前通知法律援助机构指派律师为其提供辩护。在庭审中，岩某辩护人认为岩某系未成年人，认罪态度好，请求从轻处罚。张某辩护人亦提及张某系未成年人，且为从犯，请求法院从轻处罚。最终，法院采纳了张某和岩某辩护人从轻处罚的意见，认定被告人张某和岩某均犯故意伤害罪，判处张某有期徒刑五年，判处岩某有期徒刑四年。①

---

① 案例改编自云南省高级人民法院〔2014〕云高刑终字第1082号刑事判决书。

近年来，未成年人违法犯罪案件屡见不鲜，为照顾未成年人身心发展特点，我国对未成年人采取的是强制辩护原则。办理未成年人刑事案件必须有辩护人的参与，以切实保护未成年犯罪嫌疑人、被告人的合法权益，如果没有委托辩护人的未成年犯罪嫌疑人、被告人，公安机关、检察院和法院应当通知法律援助机构指派律师为其提供辩护。①

辩护人是指受委托或者经人民法院指定，帮助犯罪嫌疑人、被告人行使辩护权以维护其合法权益的人。在诉讼中，辩护人具有独立的诉讼地位，可以根据事实和法律，提出证明犯罪嫌疑人、被告人无罪、罪轻或者减轻、免除其刑事责任的材料和意见。辩护通常是律师，也可以是人民团体或者犯罪嫌疑人、被告人所在单位推荐的公民，还可以是犯罪嫌疑人、被告人的监护人、亲友，但在侦查期间只能委托律师作为辩护人。

我国对未成年人辩护权的保障不仅体现在未成年人及其法定代理人有委托辩护人的权利，同时也体现在司法机关的告知义务。例如，公安机关在第一次对未成年犯罪嫌疑人讯问或采取强制措施之日起、人民检察院在审查批捕和审查起诉阶段，应当告知其有权委托辩护人，并且应当告知如果犯罪嫌疑人存在经济困难，可以向法律援助机构申请法律援助，由公安机关、人民检察院提供程序上的保障。

我国刑事诉讼中的辩护主要包括自行辩护、委托辩护和指定辩护。自行辩护是指犯罪嫌疑人、被告人本人行使辩护权；委托辩护是指犯罪嫌疑人、被告人与辩护人签订委托合同，由他人代为辩护；指定辩护是指法院根据法律规定的特殊情形，指定律师或其他

---

① 参见王贞会等著：《未成年人刑事司法社会支持机制研究》，中国人民公安大学出版社2017年版，第78页。

公民为被告人进行辩护的制度，通常指定的辩护人由律师担任。

人民法院指定辩护人适用于审判的各个阶段，即包括一审、二审和再审。指定辩护的适用情形包括应当指定辩护和可以指定辩护的情形。应当指定辩护的情形有以下几种：(1)被告人是盲、聋、哑人；(2)被告人属于尚未完全丧失辨认或者控制自己行为能力的精神病人；(3)被告人可能被判处无期徒刑、死刑；(4)被告人是未成年人。此处未成年人是指开庭时是未成年人，犯罪时是未成年人而开庭审理时已满18周岁的不包括在内。

未成年犯罪嫌疑人、被告人享有委托辩护和指定辩护的权利，同时也有拒绝辩护的权利。但由于未成年人在刑事诉讼中作为特殊群体，依据法律规定未成年人犯罪嫌疑人、被告人在刑事诉讼中必须有辩护人为其辩护，因此其拒绝辩护的权利受到一定限制。在一般案件中，犯罪嫌疑人、被告人有正当理由可以在拒绝辩护后另行委托辩护人或由法院另行指派，再次开庭后被告人仍然拒绝辩护人辩护的，合议庭可以准许，但应由被告人自行辩护。未成年人属于应当指定辩护的情形，未成年被告人或其法定代理人当庭拒绝辩护人辩护，要求另行委托辩护人或指派律师的，合议庭应当准许。在重新开庭后，未成年被告人或其法定代理人再次当庭拒绝辩护人辩护的，人民法院不予准许。这是强制辩护原则的体现，也是为了从根本上保障未成年人享有获得辩护的权利。不过，若重新开庭时被告人已满18周岁，再次拒绝辩护可以准许，但不得另行委托或要求另行指派律师，应由其自行辩护。

上述案件中，张某和岩某属于未成年人，符合法律规定的应当提供法律援助的情形，所以公安机关应当告知其享有委托辩护的权利，没有委托辩护人的情形下公安机关应当通知法律援助机构指派律师为其提供辩护。人民检察院在审查逮捕或审查起诉时，还应当听取律师关于无罪、罪轻或有无批捕、起诉必要的意见。如果进入审判程序，两位未成年被告人没有委托辩护人，法院应当通知法律援助机构指派律师为其提供辩护。因此，强制辩护是保障未成年人诉讼权利的制度。让辩护人参与未成年人刑事诉讼程序，为未成年人提供法律帮助，可以弥补未成年人心智不成熟、社会阅历浅、法律知识欠缺以及沟通表达能力的不足。

法律小课堂

——《中华人民共和国刑事诉讼法》

第二百七十八条　未成年犯罪嫌疑人、被告人没有委托辩护人的，人民法院、人民检察院、公安机关应当通知法律援助机构指派律师为其提供辩护。

——2019 年《人民检察院刑事诉讼规则》

第四百六十条　人民检察院受理案件后，应当向未成年犯罪嫌疑人及其法定代理人了解其委托辩护人的情况，并告知其有权委托辩护人。

未成年犯罪嫌疑人没有委托辩护人的，人民检察院应当书面通知法律援助机构指派律师为其提供辩护。

对于公安机关未通知法律援助机构指派律师为未成年犯罪嫌疑人提供辩护的，人民检察院应当提出纠正意见。

——2012 年《最高人民法院关于适用〈中华人民共和国刑事诉讼法〉的解释》

第四百六十五条　对未成年人刑事案件，必要时，上级人民法院可以根据刑事诉讼法第二十六条的规定，指定下级人民法院将案件移送其他人民法院审判。

第四百六十六条　人民法院审理未成年人刑事案件，在讯问和开庭时，应当通知未成年被告人的法定代理人到场。法定代理人无法通知、不能到场或者是共犯的，也可以通知未成年被告人的其他成年亲属，所在学校、单位、居住地的基层组织或者未成年人保护组织的代表到场，并将有关情况记录在案。

到场的其他人员，除依法行使刑事诉讼法第二百七十条第二款规定的权利外，经法庭同意，可以参与对未成年被告人的法庭教育等工作。

适用简易程序审理未成年人刑事案件，适用前两款的规定。

询问未成年被害人、证人，适用第一款、第二款的规定。

第四百七十二条　审判时不满十八周岁的未成年被告人没有委托辩护人的，人民法院应当通知法律援助机构指派律师为其提供辩护。

第四百七十三条　未成年被害人及其法定代理人因经济困难或者其他原因没有委托诉讼代理人的，人民法院应当帮助其申请法律援助。

刑事案件中未成年人信息的双向保护

2009年10月19日14时许，被告人吴某某(15周岁)见同村的小女孩(12周岁)一人在自家屋前玩耍，遂生淫念，将小女孩骗到离村不远处的河坑水泥桥墩下面将其强奸。法院依法不公开开庭审理了本案。经法庭审理，人民法院了解到被告人吴某某经常在网吧观看黄色录像，于是心生邪念，引发本案。

法院认为，被告人吴某某违背幼女意志，强行与其性交，其行为已构成强奸罪。吴某某作案时已满14周岁未满16周岁，系未成年人，应当依法从轻或减轻处罚，其自愿认罪，酌情从轻处罚。最终法院依法判处被告人吴某某有期徒刑二年。①

一、 本案法律分析

我国刑事案件审判以公开为原则，不公开为

① 案例改编自湖南省益阳市安化县人民法院〔2010〕安法刑初字第298号刑事判决书。

例外。不公开案件包括法定不公开和依申请不公开。案件涉及国家秘密或个人隐私的属于法定不公开的情形；涉及商业秘密案件，当事人申请不公开审理的也可以不公开审理。

本案性质具有特殊性，强奸案件涉及当事人的隐私，如果公开审理本案，将会对当事人信息进行披露，不利于当事人隐私信息的保护。另外，上述案件是未成年人犯罪案件，本案被告人和被害人均系未成年人，根据相关规定，对在开庭审理时不满 16 周岁的未成年人刑事案件，一律不公开审理；对在开庭审理时不满 18 周岁的未成年人刑事案件，一般也不公开审理；如果有必要公开审理的，必须经过本院院长批准，并且应适当限制旁听人数和范围。基于以上原因，人民法院依法不公开审理本案。

二、 未成年被告人个人信息保密

我国法律对于刑事案件中未成年被告人个人信息规定了全面的保密制度。

第一，资料信息保密。《人民检察院办理未成年人刑事案件的规定》明确规定，人民检察院应当依法保护涉案未成年人的名誉，尊重其人格尊严，不得公开或者传播涉案未成年人的姓名、住所、照片、图像及可能推断出该未成年人的资料。根据无罪推定原则，未成年犯罪嫌疑人在人民法院依法作出判决前，应被推定为无罪。如果在刑事案件侦查起诉阶段就将未成年人的案件信息及个人资料进行公开传播，即使该未成年人最终被宣告无罪，因其曾涉嫌犯罪为人所知，也会受到一定的负面评价，不利于未成年人的健康成长与未来发展。

第二，犯罪记录封存制度。犯罪记录封存是指对犯罪时不满 18 周岁，被判处 5 年有期徒刑以下刑罚的未成年人相关犯罪记录予以封存。需要注意的是犯罪记录封存的适用对象是“犯罪时”不满18周岁的未成年人，而非“审判时”。被判处5年有期徒刑以下刑罚具体包括被判处5年以下有期徒刑、拘役、管制、单处罚金、驱逐出境以及免除刑事处罚的情形。犯罪记录封存，对消除未成年人的犯罪标签心理，增强自信，重新融入正常的学习、工作和社会生活中具有积极意义。在上述案件中，吴某某犯罪时不满18周岁，且被判处的刑期为5年以下有期徒刑，符合犯罪记录封存条件，应当对其犯罪记录予以封存。

三、 未成年被害人个人信息的保密

我国刑事诉讼中对未成年人实行“双向保护”原则，并且非常重视对未成年被害人的个人信息保护。相关文件明确规定，人民法院开庭审理性侵害未成年人犯罪案件，未成年被害人、证人确有必要出庭的，应当根据案件情况采取不暴露外貌、真实声音等保护措施。有条件的，可以采取视频等方式播放未成年人的陈述、证言，播放视频亦应采取保护措施。

在性侵刑事案件中，若被告人和被害人都是未成年人的情况下，双方的信息更需要严格的保护，尤其是未成年被害人。如果被害人信息被泄露传播，使他人得知案件信息或是从公开信息推断出被害人身份，对被害人的影响将是不可预估的。社会评论带来的影响会对未成年被害人带来更大的二次伤害，所以在性侵未成年人刑事案件中要始终保障被害人信息的隐秘性，包括公安机关在一开始的立案侦查中要及时采取妥当措施保护被害人，对被害人予以临时安置、救助。例如，相关文件规定，办案人员到未成年被害人及其亲属、未成年证人所在学校、单位、居住地调查取证的，应当避免驾驶警车、穿着制服或者采取其他可能暴露被害人身份、影响被害人名誉、隐私的方式。

同时，对未成年人被害人进行询问时应考虑未成年人的身心特点，采取缓和的方式。因为在性侵案件中，未成年人会遭受身体和心理的双重损害。办案机关可以邀请熟悉未成年人身心特点的专业人员进行心理疏导，以适合未成年人的方式进行询问，受邀请的人员也应对了解的案件情况及受害人信息进行保密。

综上所述，未成年人刑事案件应采用不公开审理、犯罪记录封存、当事人信息保密等方式尽量减少犯罪行为对未成年犯罪人和被害人造成的消极影响。这样既有利于未成年犯罪人及早回归社会，又有利于未成年被害人创伤的恢复，对贯彻未成年人刑事保护政策具有积极的意义。

法律小课堂

——《中华人民共和国刑事诉讼法》

第一百八十八条　人民法院审判第一审案件应当公开进行。但是有关国家秘密或者个人隐私的案件，不公开审理；涉及商业秘密的案件，当事人申请不公开审理的，可以不公开审理。

不公开审理的案件，应当当庭宣布不公开审理的理由。

第二百八十六条　犯罪的时候不满十八周岁，被判处五年有期徒刑以下刑罚的，应当对相关犯罪记录予以封存。

犯罪记录被封存的，不得向任何单位和个人提供，但司法机关为办案需要或者有关单位根据国家规定进行查询的除外。依法进行查询的单位，应当对被封存的犯罪记录的情况予以保密。

——2012年《最高人民法院关于适用〈中华人民共和国刑事诉讼法〉的解释》

第四百六十七条　开庭审理时被告人不满十八周岁的案件，一律不公开审理。经未成年被告人及其法定代理人同意，未成年被告人所在学校和未成年人保护组织可以派代表到场。到场代表的人数和范围，由法庭决定。到场代表经法庭同意，可以参与对未成年被告人的法庭教育工作。

对依法公开审理，但可能需要封存犯罪记录的案件，不得组织人员旁听。

第四百六十八条　确有必要通知未成年被害人、证人出庭作证的，人民法院应当根据案件情况采取相应的保护措施。有条件的，可以采取视频等方式对其陈述、证言进行质证。

第四百六十九条　审理未成年人刑事案件，不得向外界披露该未成年人的姓名、住所、照片以及可能推断出该未成年人身份的其他资料。

查阅、摘抄、复制的未成年人刑事案件的案卷材料，不得公开和传播。

被害人是未成年人的刑事案件，适用前两款的规定。

幼稚“约定”带来的处罚

小何、小王、小孙、小卫和小郭都是十六七岁的进城务工人员，他们在一家理发店做洗头小工。2016年10月，小何因招揽客人洗头，与同事小孙、小王发生口角。当晚10时许，小王、小孙因口舌之争无法释怀，遂约定小郭一起持甩棍找到小何、小卫“理论”。双方在约定见面后，互相僵持不下且互不相让，最后发展到5人互相推搡互殴。在打斗过程中，小何持木棒将小王的牙齿打致脱落，其余几人也有不同程度的受伤。后经鉴定，小王的损伤构成轻伤一级。经法院审判，小何因故意伤害罪被判处拘役五个月，而其他4人虽未构成犯罪，但都被公安机关处以行政拘留十天、罚款500元的行政处罚。①

十六七岁的未成年人正处于生理和心理发育的特殊时期，极易被身边的人所影响，作出一些

---

① 参见《五起典型案例敲警钟 预防未成年人犯罪重在心理健康教育》，载新浪网：http：//k. sina. com. cn/article_2169891005_8155e8bd020008mij. html，2020年4月24日访问。

不理智的行为。未成年人的社会经验不足，为人处事简单粗暴，容易意气用事，但是如果能对他们进行正确的引导，他们往往能很快认识到自己的不足，并进行改正。

本案中，小何、小王、小孙、小卫和小郭结伙斗殴显然是违反有关法律规定的行为，不过除小何以外的几人均未对被害人身体造成严重伤害，属于法律规定的未成年人的“严重不良行为”中的辱骂、殴打他人的行为，一般情况下只需要由公安机关及时制止、处理，并且由其父母或者其他监护人和学校相互配合，对不良行为实施者采取措施严加管教即可。一般对此种情节显著轻微且危害不大的，不能将其认定为是犯罪，因此也无须对他们进行刑事处罚。但是，小王、小孙、小卫和小郭确实存在不合法、不合理的行为，应对其适用行政处罚。依据《中华人民共和国治安管理处罚法》(以下简称《治安管理处罚法》)的规定，应对小王、小孙、小卫和小郭处10日以上15日以下拘留，并处1000元以下罚款，不过，小王、小孙、小卫和小郭作为未成年人，可以对其从轻或减轻处罚。因此，最终小王、小孙、小卫和小郭被公安机关处以行政拘留10天、罚款500元的行政处罚。在行政处罚上，对已满14周岁不满18周岁的人进行从轻或减轻处罚，不仅是对未成年人身心的保护，也是督促未成年人更好地认清自己以后的道路。

根据《中华人民共和国预防未成年人犯罪法》，“严重不良行为”，是指严重危害社会的违法行为，具体包括：(1)结伙斗殴，追逐、拦截他人，强拿硬要或者任意损毁、占用公私财物等行为；(2)非法携带枪支、弹药或者弩、匕首等国家规定的管制器具；(3)辱骂、殴打他人，或者故意伤害他人身体；(4)盗窃、哄抢、抢夺或者故意损毁公私财物；(5)传播淫秽的读物、音像制品或者信息等；(6)卖淫、嫖娼，或者进行淫秽表演；(7)吸食、注射毒品，或者向他人提供毒品；(8)参与赌博赌资较大；(9)其他严重危害社会的行为。而未成年人如果有这些严重不良行为的，公安机关应当及时制止、处理，责令其父母或者其他监护人和学校相互配合，采取措施严加管教。对有严重不良行为依法不予处罚的未成年人，公安机关可以同时采取以下一项或者几项教育矫治措施：(1)予以训诫；(2)责令赔礼道歉、赔偿损失；(3)责令具结悔过；(4)责令特定期限内定期报告思想状况和活动情况；(5)责令遵守特定的行为规范，不得实施特定行为、与特定人员交往或者出入特定场所；(6)责令接受心理辅导、矫治或者其他治疗；(7)责令接受未成年人社会工作服务机构的观护帮教；(8)责令遵守其他促进未成年人遵纪守法的要求。公安机关作出前款规定的教育矫治决定，应当以实现教育矫治目的为必要，与未成年人严重不良行为的事实、性质、情节、危害程度以及人身危险性相当。本案中小何、小王、小孙、小卫、小郭几人的行为明显属于结伙斗殴，追逐、拦截他人，是需要进行严肃教育和处罚的。

在本案中，当事人是经过"约定"才会发生此次"不愉快"的事件。"约定"本是指商量并确定，一般指和某人许下诺言在一定的时间去实现。这本是一个较为"正气"的词语，然而用在此处的约定共同实施不良行为之中，显然有违约定的本意，而这种行为也是一个极其不正确的行为。要知道并不是所有约定都是可以随意许诺的，也并不是所有约定都非要赴约的。如果发现有些约定在作出时并没有经过深思熟虑，且当时双方的情绪都有一定的偏激和不稳定，如果"违约"了反而能对许诺双方都有利，那么"违背"当时的约定，等事后双方都冷静下来再进一步处理，也不失为一个好选择。当然，在作出约定前，应谨慎考虑，因为有些约定一旦作出，无论是出于颜面的考虑还是出于好奇，都会极其希望去赴约，那么此时的约定可以说是"损人不利己"。因此，对于不合理的约定应尽量将其扼杀在萌芽之时，及时调整自己的心态，努力作出正确的决定。

未成年人在处理人际关系时应学会换位思考，冷静处理“无伤大雅”的个人矛盾。本案中，如果在争论发生后，小何、小孙或小王能冷静下来，把矛盾说出来并进行讨论，或者有一方稍退一步进行道歉，事情也不会一发不可收拾。再如果，小卫或者小郭能在他们争吵时进行劝阻，或者并没有推波助澜帮助他们打架，那么这次斗殴事件也就不会发生。反观本案，小何、小孙、小王都没有较好地控制自己的情绪，同时小卫、小郭也没有对他们的争吵进行及时的劝导，导致矛盾的进一步恶化。因此，未成年人在与他人发生纠纷时，一定要冷静想想，不要为了逞一时之快而做违法的事情。

法律小课堂

——《中华人民共和国行政处罚法》

第二十五条　不满十四周岁的人有违法行为的，不予行政处罚，责令监护人加以管教；已满十四周岁不满十八周岁的人有违法行为的，从轻或者减轻行政处罚。

——《中华人民共和国治安管理处罚法》

第十二条　已满十四周岁不满十八周岁的人违反治安管理的，从轻或者减轻处罚；不满十四周岁的人违反治安管理的，不予处罚，但是应当责令其监护人严加管教。

第二十六条　有下列行为之一的，处五日以上十日以下拘留，可以并处五百元以下罚款；情节较重的，处十日以上十五日以下拘留，可以并处一千元以下罚款：（一）结伙斗殴的；（二）追逐、拦截他人的；（三）强拿硬要或者任意损毁、占用公私财物的；（四）其他寻衅滋事行为。

时刻谨记“三思而后行”

未成年在遇到“约架”等此种幼稚的“约定”时，一定要“三思而后行”。打架不是威风的事情，不仅会伤害双方的身体，也会使两方的感情受到伤害，并可能会受到法律的惩罚，可以说是“损人不利己”的行为。

一时意气用事并不能解决“麻烦”，只会带来更大的麻烦。朋友、同学之间产生矛盾时，不能冲动行事，要冷静分析、耐心和解，调整好自己的情绪，才能真正地解决问题。

交通肇事受伤后，小芳是否可以提起民事诉讼？

2009 年，7 岁的小芳（化名）在回家的路上被刘某驾车撞伤，其后续医疗费、护理费、康复费用等共计花了 20 多万元。经交通警察部门鉴定，肇事者刘某在这起交通事故中存在逆行、超速、醉酒驾驶等问题，因此负全责，但是刘某及其家人仅在事故后支付小芳 1 万余元，便再没有支付其他费用。小芳的家庭经济状况较差，家庭收入较少，家里的支出全靠父亲一人外出务工收入支撑。无奈，小芳的母亲提起民事诉讼，请求刘某支付剩余的费用，并支付精神损害赔偿金。①

一、 刑事附带民事诉讼程序

本案中，肇事者刘某肇事后便消失了，但是仍然需要追究其交通肇事罪的责任。交通肇事罪，根据《刑法》第 133 条及《最高人民法院关于审理交通肇事刑事案件具体应用法律若干问题的解释》第

① 案例改编自河南省高级人民法院〔2018〕豫民再 664 号民事判决书。

2条的规定，刘某有醉酒驾驶情节，又将小芳撞成重伤，因此构成交通肇事罪，应当被追究刑事责任。但是刘某及其家人在赔偿1万余元后，便杳无音信，刑事程序陷入了僵局。在这种情况下，小芳由于家庭经济较为拮据，治疗无门，那么此状况下是否有可以帮助小芳先得到民事赔偿的可能呢？

在刑事案件中，被害人寻求民事赔偿，可以提起刑事附带民事诉讼。刑事附带民事诉讼，是指与刑事诉讼活动同时进行的，由被告人对其在犯罪行为中造成的被害人的物质损失予以民事赔偿的诉讼活动。根据《刑事诉讼法》第104条的规定，附带民事诉讼一般应当同刑事案件一并审判，只有为了防止刑事案件审判的过分迟延，才可以在刑事案件审判后，由同一审判组织继续审理附带民事诉讼。在本案中，被告人刘某暂未归案，刑事程序尚未开始，因此刑事附带民事诉讼也未能开始。在这种情况下，小芳及其家人并不能及时通过刑事附带民事诉讼获得赔偿。但若不及时获得赔偿款，小芳的后续治疗就无着落。

二、 另行提起民事诉讼

在此情形下，小芳仍然有可能获得赔偿，那就是越过刑事附带民事诉讼程序，直接提起民事诉讼。《刑事诉讼法》规定的是受害人有权提起刑事附带民事诉讼，但没有禁止受害人直接另行提起民事诉讼，尤其是在被告人失踪，而刑事附带民事诉讼程序迟迟无法开始的时候。根据《民事诉讼法》关于起诉与受理的规定，由于小芳不满8周岁，在提起诉讼的时候，由她的监护人也就是小芳的父母作为法定代理人代为进行。当事人在提起诉讼时，应当去有管辖权的法院就刘某交通肇事行为给其造成的人身财产损失提起民事诉讼，并提交起诉状。其起诉状的内容包括，当事人小芳和刘某的有关情况、小芳的具体的诉讼请求和诉讼请求所依据的事实和理由、证据和证据来源包括证人的姓名、住所等，以及受诉法院的名称、起诉的事件、起诉人的签名或盖章。

法院受理后，会面临这样一个问题：刘某仍然属于畏罪潜逃的状态，要如何具体展开民事诉讼呢？其实，我们的法律已经规定了。我国《民事诉讼法》规定了公告送达，也规定了缺席判决。公告送达，是指法院在受送达人下落不明或者其他方法均无法送达时，将诉讼文书主要内容予以公告，国内诉讼公告之日经过 60 日，涉外诉讼公告经过 3 个月视为送达。由此，即使刘某下落不明，法院仍然可以通过公告送达来送达起诉书。那么，在公告送达后，刘某仍然拒不参加庭审的，又应该如何处理呢？若被告刘某经传票传唤，无正当理由拒不到庭的，或者未经法庭许可中途退庭的，可以缺席判决。一般来说，缺席判决作出的可能是对刘某不利的判决，在此情况下，刘某将承担民事责任，小芳也就可以获得赔偿款进而及时获得后续的医疗费用。

在本案中，小芳由于刘某的交通肇事行为而受伤，本应该承担刑事责任和民事责任的刘某畏罪潜逃，一筹莫展的小芳家人被告知刑事附带民事诉讼程序也不能开展。后来，在好心邻居的提示下，他们转而直接提起民事诉讼，获得赔偿，从而为小芳争取到了自己应得的权益。

法律小课堂

(一)交通肇事罪

——《中华人民共和国刑法》

第一百三十三条【交通肇事罪】　违反交通运输管理法规，

因而发生重大事故，致人重伤、死亡或者使公私财产遭受重大损失的，处三年以下有期徒刑或者拘役；交通运输肇事后逃逸或者有其他特别恶劣情节的，处三年以上七年以下有期徒刑；因逃逸致人死亡的，处七年以上有期徒刑。

第一百三十三条之二　对行驶中的公共交通工具的驾驶人员使用暴力或者抢控驾驶操纵装置，干扰公共交通工具正常行驶，危及公共安全的，处一年以下有期徒刑、拘役或者管制，并处或者单处罚金。

前款规定的驾驶人员在行驶的公共交通工具上擅离职守，与他人互殴或者殴打他人，危及公共安全的，依照前款的规定处罚。

有前两款行为，同时构成其他犯罪的，依照处罚较重的规定定罪处罚。

——2012年《最高人民法院关于审理交通肇事刑事案件具体应用法律若干问题的解释》

第二条　交通肇事具有下列情形之一的，处三年以下有期徒刑或者拘役：

（一）死亡一人或者重伤三人以上，负事故全部或者主要责任的；

（二）死亡三人以上，负事故同等责任的；

（三）造成公共财产或者他人财产直接损失，负事故全部或者主要责任，无能力赔偿数额在三十万元以上的。

交通肇事致一人以上重伤，负事故全部或者主要责任，并具有下列情形之一的，以交通肇事罪定罪处罚：

（一）酒后、吸食毒品后驾驶机动车辆的；

（二）无驾驶资格驾驶机动车辆的；

(三)明知是安全装置不全或者安全机件失灵的机动车辆而驾驶的；

(四)明知是无牌证或者已报废的机动车辆而驾驶的；

(五)严重超载驾驶的；

(六)为逃避法律追究逃离事故现场的。

(二)刑事附带民事诉讼

——《中华人民共和国刑事诉讼法》

第一百零一条　被害人由于被告人的犯罪行为而遭受物质损失的，在刑事诉讼过程中，有权提起附带民事诉讼。被害人死亡或者丧失行为能力的，被害人的法定代理人、近亲属有权提起附带民事诉讼。

如果是国家财产、集体财产遭受损失的，人民检察院在提起公诉的时候，可以提起附带民事诉讼。

第一百零二条　人民法院在必要的时候，可以采取保全措施，查封、扣押或者冻结被告人的财产。附带民事诉讼原告人或者人民检察院可以申请人民法院采取保全措施。人民法院采取保全措施，适用民事诉讼法的有关规定。

第一百零三条　人民法院审理附带民事诉讼案件，可以进行调解，或者根据物质损失情况作出判决、裁定。

第一百零四条　附带民事诉讼应当同刑事案件一并审判，只有为了防止刑事案件审判的过分迟延，才可以在刑事案件审判后，由同一审判组织继续审理附带民事诉讼。

——《最高人民法院关于适用〈中华人民共和国刑事诉讼法〉的解释》

第一百三十八条　被害人因人身权利受到犯罪侵犯或者财物被犯罪分子毁坏而遭受物质损失的，有权在刑事诉讼过程中提起附带民事诉讼；被害人死亡或者丧失行为能力的，其法定代理人、近亲属有权提起附带民事诉讼。

因受到犯罪侵犯，提起附带民事诉讼或者单独提起民事诉讼要求赔偿精神损失的，人民法院不予受理。

第一百四十三条　附带民事诉讼中依法负有赔偿责任的人包括：

（一）刑事被告人以及未被追究刑事责任的其他共同侵害人；

（二）刑事被告人的监护人；

（三）死刑罪犯的遗产继承人；

（四）共同犯罪案件中，案件审结前死亡的被告人的遗产继承人；

（五）对被害人的物质损失依法应当承担赔偿责任的其他单位和个人。

第一百四十八条　侦查、审查起诉期间，有权提起附带民事诉讼的人提出赔偿要求，经公安机关、人民检察院调解，当事人双方已经达成协议并全部履行，被害人或者其法定代理人、近亲属又提起附带民事诉讼的，人民法院不予受理，但有证据证明调解违反自愿、合法原则的除外。

第一百五十五条　对附带民事诉讼作出判决，应当根据犯罪行为造成的物质损失，结合案件具体情况，确定被告人应当赔偿的数额。

犯罪行为造成被害人人身损害的，应当赔偿医疗费、护理费、交通费等为治疗和康复支付的合理费用，以及因误工减少的收入。造成被害人残疾的，还应当赔偿残疾生活辅助具费等费用；造成被害人死亡的，还应当赔偿丧葬费等费用。

驾驶机动车致人伤亡或者造成公私财产重大损失，构成犯罪的，依照《中华人民共和国道路交通安全法》第七十六条的规定确定赔偿责任。

(三)民事诉讼

——《中华人民共和国民法典》

第二十条　不满八周岁的未成年人为无民事行为能力人，由其法定代理人代理实施民事法律行为。

——《中华人民共和国民事诉讼法》

第九十二条　受送达人下落不明，或者用本节规定的其他方式无法送达的，公告送达。自发出公告之日起，经过六十日，即视为送达。

公告送达，应当在案卷中记明原因和经过。

第一百一十九条　起诉必须符合下列条件：

(一)原告是与本案有直接利害关系的公民、法人和其他组织；

(二)有明确的被告；

(三)有具体的诉讼请求和事实、理由；

(四)属于人民法院受理民事诉讼的范围和受诉人民法院管辖。

第一百二十条　起诉应当向人民法院递交起诉状，并按照被告人数提出副本。

书写起诉状确有困难的，可以口头起诉，由人民法院记入笔录，并告知对方当事人。

第一百二十一条 起诉状应当记明下列事项：

（一）原告的姓名、性别、年龄、民族、职业、工作单位、住所、联系方式，法人或者其他组织的名称、住所和法定代表人或者主要负责人的姓名、职务、联系方式；

（二）被告的姓名、性别、工作单位、住所等信息，法人或者其他组织的名称、住所等信息；

（三）诉讼请求和所根据的事实与理由；

（四）证据和证据来源，证人姓名和住所。

第一百四十四条 被告经传票传唤，无正当理由拒不到庭的，或者未经法庭许可中途退庭的，可以缺席判决。

保护未成年人的合法民事权益

8 周岁以下的未成年人属于无民事行为能力人，其对于自己合法权益的争取主要依靠法定代理人及其监护人。若这部分未成年人由于种种原因失去了父母，又没有其他亲戚作为监护人，那么他的权益维护就需要更多地依靠社会力量，其中主要是由社区居委会、村委会或者当地民政部门等出谋划策。对于未成年人的权益保护要从实际出发，关注每一个未成年人，为他们提供最好的关爱和保障。

后 记

本书是未成年人权益保护与犯罪预防系列读本中重要的一本。未成年人是祖国的未来和希望，为他们的健康成长创造一个良好的外部环境，家庭、学校、社会和政府都有义不容辞的法律责任。当未成年人遭受侵害时，应及时寻求身边的亲人、老师、朋友以及社会组织帮助，并运用法律武器保护自己。本书以真实的案例为基础，以轻松易懂的方式普及法律知识，系统阐述和解读了未成年人法律保护制度。本书既可以作为未成年人自学读本，也可以作为未成年人法律教育课程的教学书目，也可以作为家庭教育中的亲子读物。

本书的完成，需要感谢武汉大学出版社胡荣编辑提出的宝贵建议，感谢武汉大学出版社的全力支持，也向所有对本书写作给予帮助的单位和个人致以衷心的谢意！

本书由主编组织开展实证研究、拟定大纲和样章，并确定各篇撰稿人，最后由主编统改定稿。具体分工如下：

拟定大纲、统改定稿：叶小琴；

家庭保护篇：张博雅；

学校保护篇：高彩云；

社会保护篇：岑铭敏；

政府保护篇：岑铭敏；

司法保护篇：高彩云、张博雅、岑铭敏。

未成年人法律保护机制的完善是一项长期任务，并不能一蹴而就，必须常抓不懈。也需要家庭、学校、社会和政府各方共同努力，共同为未成年人打造一个健康成长的良好环境，让未成年人快乐地成长。未成年人法律问题有其特殊性，本书编写团队尽可能详尽涵盖未成年人权益保护与犯罪预防的重要问题，但疏漏之处在所难免，希望广大读者对本书提出宝贵建议（QQ：2269892601），以便我们继续努力，共同打造未成年人精品普法读物。再次表示感谢！

编者

2020 年 5 月